अमृतदायी
मोक्ष मार्ग

Published: September 2018

Computer Typesetting by

Buddha Gyan Ashram

(A Branch of Mahamevnawa Monastery - Sri Lanka)

Buddha Gyan Sunday School

Ratti Bigha, Bodhgaya - 824231

Gaya, Bihar, India.

Tel :- +91 900 602 9637 / 763 206 77 77 / 954 650 60 67

Email :- buddhagyan@gmail.com

Web :- www.buddhagyan.org / www.mahamevnawabm.org

www.bodhgayasundayschool.org

Published by

Mahamegha Publishers

Waduwawa, Yatigaloluwa, Polgahawela, Sri Lanka.

Telephone: +94 37 2053300 | +94 76 8255703

mahameghapublishers@gmail.com

Printed by

Leeds Graphics (Pvt) Ltd

No. 356E, Pannipitiya Road, Thalawathugoda, Sri Lanka.

Telephone: (+94) 11 430 1616 / (+94) 11 279 6151

महासतिपट्ठान सुत्तं

सति-स्मृति को स्थापित करना

बुद्ध ज्ञान आश्रम

पुण्यस्मृति

आज से 2600 वर्ष पहले इस भारत धरती पर भगवान बुद्ध ने अपने अमृत ज्ञान से लोगों को संसार के दुखों से मुक्ति दिलाये। इसलिए भारत देश को सोने की चिड़ियाँ तथा स्वर्ण युग कहा जाता था।

निरंजरा नदी के किनारे बोधि वृक्ष की छाया में बैठकर अपने मन की सारे मैलों को नष्ट कर उत्तम सम्मासम्बुद्धत्व को साक्षात् किये, उन भगवान बुद्ध के श्रीपाद चरणों में ये पवित्र ग्रन्थ अर्पित हो जाए।

अतीत का वो स्वर्ण युग को याद करते हुए तथा सभी भारत वासियों के प्रति अपना हृदय में करूणा और कृतज्ञता जगाते हुए; इस भारत देश के लिए अपना मूल्यवान समय तथा अनमोल वचन से जिन्होंने सरल हिन्दी में इस ग्रन्थ की रचना किये हैं।

श्री लंका के उन परम-पूजनीय ज्ञानानन्द गुरू भंते जी को ये सारे पुण्य अर्पित करते हैं, इन सारे पुण्य की बलों से उन्हे अमृतदायी मोक्ष साक्षात् करने का भाग्य मिल जाए...।

वे महान गुरू जो अपना एक निपुण शिष्य को श्री लंका से भारत की बुद्धभूमि पर भेजकर भारत पर बहुत बड़ा उपकार किया।

उनका शिष्य आठ साल तक अज्ञान की अंधेरे में रहने वाले लोगों को भगवान बुद्ध के ज्ञान की दीप जलाकर लोगों के हृदय को प्रकाशित किया, और अचानक गहरी रोग के कारण इस दुनिया से चल बसे। उन पूजनीय कुशलचित्त गुरू जी को भी ये सारे पुण्य अर्पित करते हैं। ये सारे पुण्य की बलों से उन्हे भी परम मोक्ष को साक्षात् करने का भाग्य मिल जाए...।

तथा जिन लोगों ने इस 'अमृतदायी मोक्ष मार्ग' पवित्र ग्रन्थ को तैयार करने के लिए अपना तन, मन, वाणी से जो कुछ भी सहयोग किया। उन सभी लोगों को ये सारे पुण्य अर्पित करते हैं। ये सारे पुण्य की बलों से उन सभी लोगों को परम मोक्ष को साक्षात् करने का भाग्य मिल जाए...।

एवं जिनका मन में बिना किसी स्वार्थ भाव से दुनिया का सबसे सर्वोत्तम दान देने का संकल्प जागा और सम्पूर्ण भार लेकर इस ग्रन्थ को छपवाये है; अनोजा ओबेसेकर और अरविन्द ओबेसेकर इन दोनों दम्पति को भी ये सारे पुण्य मिल जाए। ये सारे पुण्य की बलों से उन्हे भी परम मोक्ष को साक्षात् करने का भाग्य मिल जाए...।

- बुद्धज्ञान आश्रम

विषय सूची

नमो तस्स भगवतो अरहतो सम्मासम्बुद्धस्स !!!

महासतिपट्ठान सुत्तं

सति-स्मृति को स्थापित करना

ऐसा मैने सुना है। एक समय भगवान बुद्ध जी कुरू जनपद (दिल्ली) के कम्मासदम्म नामक छोटे नगर में विराजमान थे। उस समय भगवान बुद्ध जी भिक्षुओं को 'हे भिक्षुओं' ! कहकर आमंत्रित किया। वे भिक्षुगण भगवान को 'पुण्यवान् भदन्त जी' कहकर प्रत्युत्तर दिये हैं। भगवान बुद्ध जी ने इस सतिपट्ठान धर्म की देशना किये हैं।

हे भिक्षुओं ! ये जो चार सतिपट्ठान है; वो सत्वों की पारिशुद्धता के लिए, शोक दुख मिटाने के लिए, कायिक-मानसिक दुख पीड़ा से मुक्त होने के लिए, आर्य अष्टांगिक मार्ग पर आने के लिए, अमृतदायी महानिर्वाण को साक्षात् करने के लिए यही एकमात्र मुक्ति का मार्ग है।

वे चार सतिपट्ठान कौन से हैं ?

हे भिक्षुओं ! इस धर्म पर चलने वाला श्रद्धालु व्यक्ति मन की गंदगी को नष्ट करने का असामान्य प्रयास करते हुए, सति-स्मृति बढ़ाकर दुनिया में लालच और मन की पीड़ा दूर करके शरीर के बारे में सत्य स्वभाव को बोध करते हुए शरीर में विपस्सना करता है।

मन की गंदगी को नष्ट करने का असामान्य प्रयास करते हुए, सति-स्मृति बढ़ाकर दुनिया में लालच और मन की पीड़ा दूर करके

संवेदना के बारे में सत्य स्वभाव को बोध करते हुए संवेदना में विपस्सना करता है।

मन की गंदगी* को नष्ट करने का असामान्य प्रयास करते हुए, सति-स्मृति बढ़ाकर दुनिया में लालच और मन की पीड़ा दूर करके मन के बारे में सत्य स्वभाव को बोध करते हुए मन के उपर विपस्सना करता है।

मन की गंदगी को नष्ट करने का असामान्य प्रयास करते हुए, सति-स्मृति बढ़ाकर दुनिया में लालच और मन की पीड़ा दूर करके धर्म के बारे में सत्य स्वभाव को बोध करते हुए धर्म पर विपस्सना करता है।

कायानुपस्सना

(शरीर के सत्य स्वभाव को देखना)

आनापानसति ध्यान

(अपने श्वास के प्रति सति-स्मृति)

हे भिक्षुओं ! इस धर्म पर चलने वाला श्रद्धालु व्यक्ति पृथ्वी, जल, अग्नि और वायु; इन चार तत्वों से बना इस शरीर के सत्य स्वभाव को बोध करते हुए शरीर के प्रति विपस्सना कैसे करता है ?

हे भिक्षुओं ! इस धर्म पर चलने वाला श्रद्धालु व्यक्ति अरण्य में जाकर या वृक्ष की छाया में जाकर या खाली जगह में जाकर पालथी लगाकर शरीर सीधा करके साधना निमित्त ग्रहण करके बैठता है। इसके बाद वह सति-स्मृति से श्वास लेता है, सति-स्मृति से श्वास छोड़ता है। लंबी श्वास लेते समय लंबी श्वास ले रहा हूँ, ऐसा जानता

* मन की गंदगी - कामुकता, क्रोध गुस्सा, लोभ, लालच, अहंकार, घमण्ड, दूसरों को आगे बढ़ते देख ईर्ष्या करना, आदि।

है। लंबी श्वास छोड़ते समय लंबी श्वास छोड़ रहा हूँ, ऐसा जानता है। छोटी श्वास लेते समय, छोटी श्वास ले रहा हूँ, ऐसा जानता है। छोटी श्वास छोड़ते समय छोटी श्वास छोड़ रहा हूँ , ऐसा जानता है।

पूर्ण रूप से शरीर को समझकर श्वास लूँगा, ऐसा सीखता है। पूर्ण रूप से शरीर को समझकर श्वास छोड़ूँगा, ऐसा सीखता है। श्वास को हल्का करके श्वास लूँगा, ऐसा सीखता है। श्वास को हल्का करके श्वास छोड़ूँगा, ऐसा सीखता है।

हे भिक्षुओं ! जैसे बढ़ई या बढ़ई का नौकर लकड़ी को लंबा छिलते समय, लंबा छिलता हूँ, ऐसा जानता है। थोड़ा छिलते समय थोड़ा छिलता हूँ, ऐसा जानता है।

वैसे हीं भिक्षुओं ! इस धर्म पर चलने वाला श्रद्धालु व्यक्ति लंबी श्वास लेते समय लंबी श्वास ले रहा हूँ, ऐसा जानता है। लंबी श्वास छोड़ते समय लंबी श्वास छोड़ रहा हूँ, ऐसा जानता है। छोटी श्वास लेते समय, छोटी श्वास ले रहा हूँ, ऐसा जानता है। छोटी श्वास छोड़ते समय छोटी श्वास छोड़ रहा हूँ, ऐसा जानता है।

पूर्ण रूप से शरीर को समझकर श्वास लूँगा, ऐसा सीखता है। पूर्ण रूप से शरीर को समझकर श्वास छोड़ूँगा, ऐसा सीखता है। श्वास को हल्का करके श्वास लूँगा, ऐसा सीखता है। श्वास को हल्का करके श्वास छोड़ूँगा, ऐसा सीखता है।

इस प्रकार से अपने श्वास के बारे में सत्य स्वभाव बोध करते हुए शरीर पर विपस्सना करता है। दूसरों के श्वास के बारे में सत्य स्वभाव बोध करते हुए शरीर पर विपस्सना करता है। अपने और दूसरों का श्वास के बारे में सत्य स्वभाव बोध करते हुए शरीर पर विपस्सना करता है।

शरीर के श्वास के उत्पन्न होने का सत्य स्वभाव को बोध करते हुए विपस्सना करता है। शरीर के श्वास के नष्ट होने का सत्य स्वभाव को बोध करते हुए विपस्सना करता है। शरीर के श्वास के उत्पन्न और नष्ट होने का सत्य स्वभाव को बोध करते हुए विपस्सना करता है।

श्वास सहित शरीर है, ऐसा उसका सति-स्मृति स्थापित होता है। वह उसके लिए बोध बढ़ाने के लिए, सति-स्मृति बढ़ाने के लिए उपकार होता है। अनासक्त होकर वास करता है। दुनिया में किसी भी चीज के प्रति तृष्णा नहीं करता है।

हे भिक्षुओं ! ऐसे भी धर्म पर चलने वाला श्रद्धालु व्यक्ति शरीर के सत्य स्वभाव को बोध करते हुए शरीर पर विपस्सना करता है।

इरियापथ ध्यान

(अपने शरीर के अवस्थाओं के प्रति सति-स्मृति)

और दूसरा तरीका बताऊँगा। हे भिक्षुओं ! इस धर्म पर चलने वाला श्रद्धालु व्यक्ति जाते समय जा रहा हूँ, ऐसा जानता है। खड़े रहते समय खड़ा हूँ, ऐसा जानता है। बैठते समय बैठा हूँ, ऐसा जानता है। सोते समय सोया हूँ, ऐसा जानता है। जैसे-जैसे अपना शरीर की अवस्था बदलती है, वैसे वैसे जानता है।

इस प्रकार से अपना शरीर की अवस्थाओं के बारे में सत्य स्वभाव को बोध करते हुए शरीर पर विपस्सना करता है। दूसरों के शरीर की अवस्थाओं के बारे में सत्य स्वभाव को बोध करते हुए शरीर पर विपस्सना करता है। अपने और दूसरों के शरीर की अवस्थाओं के बारे में सत्य स्वभाव को बोध करते हुए शरीर पर विपस्सना करता है।

शरीर के अवस्थाओं का उत्पन्न होने का सत्य स्वभाव को बोध करते हुए विपस्सना करता है। शरीर के अवस्थाओं का नष्ट होने

का सत्य स्वभाव को बोध करते हुए विपस्सना करता है। शरीर के अवस्थाओं का उत्पन्न और नष्ट होने का सत्य स्वभाव को बोध करते हुए विपस्सना करता है।

अलग अलग अवस्थाओं सहित शरीर है, ऐसा उसका सति-स्मृति स्थापित होता है। वह उसके लिए बोध बढ़ाने के लिए, सति-स्मृति बढ़ाने के लिए उपकार होता है। अनासक्त होकर वास करता है। दुनिया में किसी भी चीज के प्रति तृष्णा नहीं करता है।

हे भिक्षुओं ! ऐसे भी धर्म पर चलने वाला श्रद्धालु व्यक्ति शरीर के सत्य स्वभाव को बोध करते हुए शरीर पर विपस्सना करता है।

सम्पजञ्ञ ध्यान

(अपने शरीर के कार्य के प्रति सति-स्मृति)

और दूसरा तरीका बताऊँगा। हे भिक्षुओं ! इस धर्म पर चलने वाला श्रद्धालु व्यक्ति आगे जाते समय, वापस आते समय सति-स्मृति से हीं करता है। आगे देखते समय, इधर-उधर देखते समय सति-स्मृति से हीं करता है। हाथ-पैर मोड़ते समय, पसारते समय सति-स्मृति से हीं करता है। कपड़े पहनते समय, सामान उठाते समय सति-स्मृति से हीं करता है। खाते समय, पीते समय, चूसते समय, स्वाद चखते समय सति-स्मृति से हीं करता है। कम से कम मल-मूत्र करते समय सति-स्मृति से हीं करता है। चलते समय, रूकते समय, बैठते समय, सोते समय, जागते समय, बात करते समय, चुप रहते समय सति-स्मृति से हीं करता है।

इस प्रकार से अपने शरीर के द्वारा करने वाले कार्य के बारे में सत्य स्वभाव को बोध करते हुए शरीर पर विपस्सना करता है। दूसरों के शरीर के द्वारा होने वाले कार्य के बारे में सत्य स्वभाव को बोध

करते हुए शरीर पर विपस्सना करता है। अपने और दूसरों के शरीर के द्वारा होने वाले कार्य के बारे में सत्य स्वभाव को बोध करते हुए शरीर पर विपस्सना करता है।

शरीर से होने वाले सभी कार्य का, उत्पन्न होने का सत्य स्वभाव को बोध करते हुए विपस्सना करता है। शरीर से होने वाले सभी कार्य का, नष्ट होने का सत्य स्वभाव को बोध करते हुए विपस्सना करता है। शरीर से होने वाले सभी कार्य के स्थिती का उत्पन्न और नष्ट होने का, सत्य स्वभाव को बोध करते हुए विपस्सना करता है।

अलग-अलग कार्य सहित शरीर है, ऐसा उसका सति-स्मृति स्थापित होता है। वह उसके लिए बोध बढ़ाने के लिए, सति-स्मृति बढ़ाने के लिए उपकार होता है। अनासक्त होकर वास करता है। दुनिया में किसी भी चीज के प्रति तृष्णा नहीं करता है।

हे भिक्षुओं ! ऐसे भी धर्म पर चलने वाला श्रद्धालु व्यक्ति शरीर का सत्य स्वभाव को बोध करते हुए शरीर पर विपस्सना करता है।

पटिक्कुलमनसिकार ध्यान

(बत्तीस प्रकार की गंदगियों से भरी यह शरीर)

और दूसरा तरीका बताऊँगा। हे भिक्षुओं ! इस धर्म पर चलने वाला श्रद्धालु व्यक्ति इस शरीर में तलवे से उपर और सिर से नीचे, त्वचा से सीमित हुए अनेक प्रकार से भरी हुई गंदगियों के बारे में ज्ञान से विचार करता है। इस शरीर में केश है, रोम है, नाखून है, दाँत है, त्वचा है, मांस है, नस है, हड्डी है, हड्डीमज्जा है, वृक्क है, हृदय है, कलेजा है, पित्ताशय है, अग्न्याशय है, फेफड़ा है, छोटी आंत है, बड़ी आंत है, आमाशय है, पखाना है, मस्तिष्क है, पित्त है, कफ है, पीव है, खून है, पसीना है, चर्बी है, आँसू है, त्वचा का तेल है, लार है, नेटा है, हड्डियों के जोड़ों पर तरल पदार्थ है, मूत्र भी है।

जैसे भिक्षुओं ! दो मुख वाली बोरी अनेक प्रकार के बीजों से भरी है। वे क्या है ? शाली चावल है, धान है, मूँग है, चना है, तिल है, चावल हैं। उसको आँखों वाला व्यक्ति बोरी खोलकर ज्ञान से विचार करता है। इसमें ये शाली चावल है, ये धान है, ये मूँग है, ये चना है, ये तिल है, ये चावल हैं।

वैसे हीं भिक्षुओं, इस धर्म पर चलने वाला श्रद्धालु व्यक्ति इस शरीर में तलवे से उपर और सिर से नीचे, त्वचा से सीमित हुए अनेक प्रकार से भरी हुई गंदगियों के बारे में ज्ञान से विचार करता है। इस शरीर में केश है, रोम है, नाखून है, दाँत है, त्वचा है, मांस है, नस है, हड्डी है, हड्डीमज्जा है, वृक्क है, हृदय है, कलेजा है, पित्ताशय है, अग्न्याशय है, फेफड़ा है, छोटी आंत है, बड़ी आंत है, आमाशय है, पखाना है, मस्तिष्क है, पित्त है, कफ है, पीव है, खून है, पसीना है, चर्बी है, आँसू है, त्वचा का तेल है, लार है, नेटा है, हड्डियों के जोड़ों पर तरल पदार्थ है, मूत्र भी है।

इस प्रकार से अपने शरीर में बत्तीस प्रकार के गंदगियों के बारे में, सत्य स्वभाव को बोध करते हुए शरीर पर विपस्सना करता है। दूसरों के शरीर का बत्तीस प्रकार के गंदगियों के बारे में, सत्य स्वभाव को बोध करते हुए शरीर पर विपस्सना करता है। अपने और दूसरों के शरीर का बत्तीस प्रकार के गंदगियों के बारे में, सत्य स्वभाव को बोध करते हुए शरीर पर विपस्सना करता है।

बत्तीस प्रकार के गंदगियों से युक्त ये शरीर के उत्पन्न होने का सत्य स्वभाव को बोध करते हुए विपस्सना करता है। बत्तीस प्रकार के गंदगियों से युक्त ये शरीर के नष्ट होने का सत्य स्वभाव को बोध करते हुए विपस्सना करता है। बत्तीस प्रकार के गंदगियों से युक्त ये शरीर के उत्पन्न और नष्ट होने का सत्य स्वभाव को बोध करते हुए विपस्सना करता है।

बत्तीस प्रकार के गंदगियों से युक्त यह शरीर है, ऐसा उसका सति-स्मृति स्थापित होता है। वह उसके लिए बोध बढ़ाने के लिए, सति-स्मृति बढ़ाने के लिए उपकार होता है। अनासक्त होकर वास करता है। दुनिया में किसी भी चीज के प्रति तृष्णा नहीं करता है।

हे भिक्षुओं ! ऐसे भी धर्म पर चलने वाला श्रद्धालु व्यक्ति शरीर का सत्य स्वभाव को बोध करते हुए शरीर पर विपस्सना करता है।

धातुमनसिकार ध्यान

(चार महाभूतों से बना यह शरीर)

और दूसरा तरीका बताऊँगा। हे भिक्षुओं ! इस धर्म पर चलने वाला श्रद्धालु व्यक्ति यह शरीर जिस प्रकार से स्थापित है, जैसे बदलता है। यह शरीर के मूल स्वभाव को अलग अलग करके ज्ञान से विचार करता है। इस शरीर में मिट्टी के साथ मिल जाने वाली पृथ्वी तत्व वाला स्वभाव है। पानी के साथ घूल जाने वाली जल तत्व वाला स्वभाव है। उष्ण स्वभाव वाले तत्व है। हवा में मिल जाने वाली वायु तत्व वाला स्वभाव है।

जैसे भिक्षुओं ! चतुर गौघातक या गौघातक का नौकर गाय को काट-काट कर और टुकड़े-टुकड़े करके चौराहे पर बैठा हुआ है।

वैसे हीं भिक्षुओं ! इस धर्म पर चलने वाला श्रद्धालु व्यक्ति यह शरीर जिस प्रकार से स्थापित है, जैसे बदलता है। यह शरीर के मूल स्वभाव को अलग अलग करके ज्ञान से विचार करता है। इस शरीर में मिट्टी के साथ मिल जाने वाली पृथ्वी तत्व वाले स्वभाव है। पानी के साथ घूल जाने वाली जल तत्व वाले स्वभाव है। उष्ण स्वभाव वाले तत्व है। हवा में मिल जाने वाली वायु तत्व वाले स्वभाव है।

इस प्रकार से अपना शरीर के मूल तत्वों के बारे में सत्य स्वभाव

को बोध करते हुए शरीर पर विपस्सना करता है। दूसरों के शरीर के मूल तत्वों के बारे में सत्य स्वभाव को बोध करते हुए शरीर पर विपस्सना करता है। अपने और दूसरों के शरीर के मूल तत्वों के बारे में सत्य स्वभाव को बोध करते हुए शरीर पर विपस्सना करता है।

मूल तत्व स्वभाव से युक्त इस शरीर के उत्पन्न होने के सत्य स्वभाव को बोध करते हुए विपस्सना करता है। मूल तत्व स्वभाव से युक्त इस शरीर के नष्ट होने का सत्य स्वभाव को बोध करते हुए विपस्सना करता है। मूल तत्व स्वभाव से युक्त इस शरीर के उत्पन्न और नष्ट होने का सत्य स्वभाव को बोध करते हुए विपस्सना करता है।

मूल तत्व सहित यह शरीर है, ऐसा उसका सति-स्मृति स्थापित होता है। वह उसके लिए बोध बढ़ाने के लिए, सति-स्मृति बढ़ाने के लिए उपकार होता है। अनासक्त होकर वास करता है। दुनिया में किसी भी चीज के प्रति तृष्णा नहीं करता है।

हे भिक्षुओं ! ऐसे भी धर्म पर चलने वाला श्रद्धालु व्यक्ति शरीर का सत्य स्वभाव को बोध करते हुए शरीर पर विपस्सना करता है।

नवसीवथिक ध्यान

(शमशान में मृत शरीर की स्थिति)

पहला सीवथिक

और दूसरा तरीका बताऊँगा। हे भिक्षुओं ! इस धर्म पर चलने वाला श्रद्धालु व्यक्ति जैसे शमशान में छोड़ा हुआ शरीर देखता है। वह शरीर मृत होकर एक दिन बीता हो या दो दिन बीत गया हो या तीन दिन बीत गया हो, फूला हुआ है, नीला पड़ गया है, पीप भरने लगी है। वह अपना शरीर के बारे में वैसे हीं तुलना करता है। मेरा

शरीर भी इसी स्वभाव का है, ऐसा होने वाला है, इस स्वभाव से मुक्त नहीं है।

इस प्रकार से अपने शरीर के बारे में सत्य स्वभाव को बोध करते हुए शरीर पर विपस्सना करता है। दूसरों के शरीर के बारे में सत्य स्वभाव को बोध करते हुए शरीर पर विपस्सना करता है। अपना और दूसरों का शरीर के बारे में सत्य स्वभाव को बोध करते हुए मृत शरीर को मनन करके शरीर पर विपस्सना करता है।

शरीर के अस्तित्व का उत्पन्न होने का सत्य स्वभाव को बोध करते हुए विपस्सना करता है। शरीर के अस्तित्व का नष्ट होने का सत्य स्वभाव को बोध करते हुए विपस्सना करता है। शरीर के अस्तित्व का उत्पन्न और नष्ट होने का सत्य स्वभाव को बोध करते हुए विपस्सना करता है।

ये शरीर मृत होकर, फूल कर, विनाश हो जाता है, ऐसा उसका सति-स्मृति स्थापित होता है। वह उसके लिए बोध बढ़ाने के लिए, सति-स्मृति बढ़ाने के लिए उपकार होता है। अनासक्त होकर वास करता है। दुनिया में किसी भी चीज के प्रति तृष्णा नहीं करता है।

हे भिक्षुओं ! ऐसे भी धर्म पर चलने वाला श्रद्धालु व्यक्ति शरीर का सत्य स्वभाव को बोध करते हुए शरीर पर विपस्सना करता है।

दूसरा सीवथिक

और दूसरा तरीका बताऊँगा। हे भिक्षुओं ! इस धर्म पर चलने वाला श्रद्धालु व्यक्ति जैसे शमशान में छोड़ा हुआ मृत शरीर देखता है। कौवें उस शरीर को खा रहे हैं, चीलें खा रही हैं, गिद्धें खा रहे हैं, कुत्ते खा रहे हैं, सियारें खा रहे हैं, अनेक प्राणी खा रहे हैं। वह अपने शरीर के बारे में वैसे हीं तुलना करता है। यह शरीर भी इसी स्वभाव का है, ऐसा होने वाला है, इस स्वभाव से मुक्त नहीं है।

इस प्रकार से अपने शरीर के बारे में सत्य स्वभाव को बोध करते हुए शरीर पर विपस्सना करता है। दूसरों का शरीर के बारे में सत्य स्वभाव को बोध करते हुए शरीर पर विपस्सना करता है। अपना और दूसरों का शरीर के बारे में सत्य स्वभाव को बोध करते हुए मृत शरीर को मनन करके शरीर पर विपस्सना करता है।

शरीर के अस्तित्व का उत्पन्न होने का सत्य स्वभाव को बोध करते हुए विपस्सना करता है। शरीर के अस्तित्व का नष्ट होने का सत्य स्वभाव को बोध करते हुए विपस्सना करता है। शरीर के अस्तित्व का उत्पन्न और नष्ट होने का सत्य स्वभाव को बोध करते हुए विपस्सना करता है।

यह शरीर अनेक प्राणियों के शिकार होने वाले स्वभाव से युक्त है, ऐसा उसका सति-स्मृति स्थापित होता है। वह उसके लिए बोध बढ़ाने के लिए, सति-स्मृति बढ़ाने के लिए उपकार होता है। अनासक्त होकर वास करता है। दुनिया में किसी भी चीज के प्रति तृष्णा नहीं करता है।

हे भिक्षुओं ! ऐसे भी धर्म पर चलने वाला श्रद्धालु व्यक्ति शरीर का सत्य स्वभाव को बोध करते हुए शरीर पर विपस्सना करता है।

तीसरा सीवथिक

और दूसरा तरीका बताऊँगा। हे भिक्षुओं ! इस धर्म पर चलने वाला श्रद्धालु व्यक्ति जैसे शमशान में छोड़ा हुआ मृत शरीर देखता है। जो रक्त-मांस सहित है, नसों के सहित है, हड्डियाँ दिखाई देती है। वह अपना शरीर के बारे में वैसे हीं तुलना करता है। यह शरीर भी इसी स्वभाव का है, ऐसा होने वाला है, इस स्वभाव से मुक्त नहीं है।

इस प्रकार से अपने शरीर के बारे में सत्य स्वभाव को बोध करते हुए शरीर पर विपस्सना करता है। दूसरों का शरीर के बारे में सत्य स्वभाव को बोध करते हुए शरीर पर विपस्सना करता है। अपना और

दूसरों का शरीर के बारे में सत्य स्वभाव को बोध करते हुए मृत शरीर को मनन करके शरीर पर विपस्सना करता है।

शरीर के अस्तित्व का उत्पन्न होने का सत्य स्वभाव को बोध करते हुए विपस्सना करता है। शरीर के अस्तित्व का नष्ट होने का सत्य स्वभाव को बोध करते हुए विपस्सना करता है। शरीर के अस्तित्व का उत्पन्न और नष्ट होने का सत्य स्वभाव को बोध करते हुए विपस्सना करता है।

शमशान में यह शरीर विनाश होने वाले स्वभाव से युक्त है, ऐसा उसका सति-स्मृति स्थापित होता है। वह उसके लिए बोध बढ़ाने के लिए, सति-स्मृति बढ़ाने के लिए उपकार होता है। अनासक्त होकर वास करता है। दुनिया में किसी भी चीज के प्रति तृष्णा नहीं करता है।

हे भिक्षुओं ! ऐसे भी धर्म पर चलने वाला श्रद्धालु व्यक्ति शरीर का सत्य स्वभाव को बोध करते हुए शरीर पर विपस्सना करता है।

चौथा सीवथिक

और दूसरा तरीका बताऊँगा। हे भिक्षुओं ! इस धर्म पर चलने वाला श्रद्धालु व्यक्ति जैसे शमशान में छोड़ा हुआ मृत शरीर देखता है। जो बिना मांस के है, रक्त बिखरा हुआ है, नसों के सहित है, हड्डियाँ दिखाई देती है। वह अपने शरीर के बारे में वैसे हीं तुलना करता है। यह शरीर भी इसी स्वभाव का है, ऐसा होने वाला है, इस स्वभाव से मुक्त नहीं है।

इस प्रकार से अपने शरीर के बारे में सत्य स्वभाव को बोध करते हुए शरीर पर विपस्सना करता है। दूसरों का शरीर के बारे में सत्य स्वभाव को बोध करते हुए शरीर पर विपस्सना करता है। अपना और दूसरों का शरीर के बारे में सत्य स्वभाव को बोध करते हुए मृत शरीर को मनन करके शरीर पर विपस्सना करता है।

शरीर के अस्तित्व का उत्पन्न होने का सत्य स्वभाव को बोध करते हुए विपस्सना करता है। शरीर के अस्तित्व का नष्ट होने का सत्य स्वभाव को बोध करते हुए विपस्सना करता है। शरीर के अस्तित्व का उत्पन्न और नष्ट होने का सत्य स्वभाव को बोध करते हुए विपस्सना करता है।

शमशान में यह शरीर विनाश होने वाले स्वभाव से युक्त है, ऐसा उसका सति-स्मृति स्थापित होता है। वह उसके लिए बोध बढ़ाने के लिए, सति-स्मृति बढ़ाने के लिए उपकार होता है। अनासक्त होकर वास करता है। दुनिया में किसी भी चीज के प्रति तृष्णा नहीं करता है।

हे भिक्षुओं ! ऐसे भी धर्म पर चलने वाला श्रद्धालु व्यक्ति शरीर का सत्य स्वभाव को बोध करते हुए शरीर पर विपस्सना करता है।

पांचवा सीवथिक

और दूसरा तरीका बताऊँगा। हे भिक्षुओं ! इस धर्म पर चलने वाला श्रद्धालु व्यक्ति जैसे शमशान में छोड़ा हुआ मृत शरीर देखता है। जो बिना रक्त-मांस के है, नसों के सहित है, हड्डियाँ दिखाई देती है। वह अपना शरीर के बारे में वैसे हीं तुलना करता है। यह शरीर भी इसी स्वभाव का है, ऐसा होने वाला है, इस स्वभाव से मुक्त नहीं है।

इस प्रकार से अपने शरीर के बारे में सत्य स्वभाव को बोध करते हुए शरीर पर विपस्सना करता है। दूसरों का शरीर के बारे में सत्य स्वभाव को बोध करते हुए शरीर पर विपस्सना करता है। अपना और दूसरों का शरीर के बारे में सत्य स्वभाव को बोध करते हुए मृत शरीर को मनन करके शरीर पर विपस्सना करता है।

शरीर के अस्तित्व का उत्पन्न होने का सत्य स्वभाव को बोध करते हुए विपस्सना करता है। शरीर के अस्तित्व का नष्ट होने का सत्य स्वभाव को बोध करते हुए विपस्सना करता है। शरीर के अस्तित्व का

उत्पन्न और नष्ट होने का सत्य स्वभाव को बोध करते हुए विपस्सना करता है।

शमशान में यह शरीर विनाश होने वाले स्वभाव से युक्त है, ऐसा उसका सति-स्मृति स्थापित होता है। वह उसके लिए बोध बढ़ाने के लिए, सति-स्मृति बढ़ाने के लिए उपकार होता है। अनासक्त होकर वास करता है। दुनिया में किसी भी चीज के प्रति तृष्णा नहीं करता है।

हे भिक्षुओं ! ऐसे भी धर्म पर चलने वाला श्रद्धालु व्यक्ति शरीर का सत्य स्वभाव को बोध करते हुए शरीर पर विपस्सना करता है।

छठा सीवथिक

और दूसरा तरीका बताऊँगा। हे भिक्षुओं ! इस धर्म पर चलने वाला श्रद्धालु व्यक्ति जैसे शमशान में छोड़ा हुआ मृत शरीर देखता है। जो हड्डियाँ अलग-अलग हो गई है। इधर-उधर बिखर पड़ी है। एक तरफ हाथ की हड्डी है, और एक तरफ पैर की हड्डी है, और एक तरफ टांग की हड्डी है, और एक तरफ जांघ की हड्डी है, और एक तरफ रीढ़ की हड्डी है, और एक तरफ कमर की हड्डी है, और एक तरफ गर्दन की हड्डी है, और एक तरफ दाँत की हड्डी है, और एक तरफ कपाल की हड्डी है। वह अपने शरीर के बारे में वैसे हीं तुलना करता है। यह शरीर भी इसी स्वभाव का है, ऐसा होने वाला है, इस स्वभाव से मुक्त नहीं है।

इस प्रकार से अपने शरीर के बारे में सत्य स्वभाव को बोध करते हुए शरीर पर विपस्सना करता है। दूसरों का शरीर के बारे में सत्य स्वभाव को बोध करते हुए शरीर पर विपस्सना करता है। अपना और दूसरों का शरीर के बारे में सत्य स्वभाव को बोध करते हुए मृत शरीर को मनन करके शरीर पर विपस्सना करता है।

शरीर के अस्तित्व का उत्पन्न होने का सत्य स्वभाव को बोध करते हुए विपस्सना करता है। शरीर के अस्तित्व का नष्ट होने का सत्य स्वभाव को बोध करते हुए विपस्सना करता है। शरीर के अस्तित्व का उत्पन्न और नष्ट होने का सत्य स्वभाव को बोध करते हुए विपस्सना करता है।

शमशान में यह शरीर विनाश होने वाले स्वभाव से युक्त है, ऐसा उसका सति-स्मृति स्थापित होता है। वह उसके लिए बोध बढ़ाने के लिए, सति-स्मृति बढ़ाने के लिए उपकार होता है। अनासक्त होकर वास करता है। दुनिया में किसी भी चीज के प्रति तृष्णा नहीं करता है।

हे भिक्षुओं ! ऐसे भी धर्म पर चलने वाला श्रद्धालु व्यक्ति शरीर का सत्य स्वभाव को बोध करते हुए शरीर पर विपस्सना करता है।

सांतवा सीवथिक

और दूसरा तरीका बताऊँगा। हे भिक्षुओं ! इस धर्म पर चलने वाला श्रद्धालु व्यक्ति जैसे शमशान में छोड़ा हुआ मृत शरीर देखता है। जो हड्डियाँ सफेद हो गयी है, शंख वर्ण की है। वह अपने शरीर के बारे में वैसे हीं तुलना करता है। यह शरीर भी इसी स्वभाव का है, ऐसा होने वाला है, इस स्वभाव से मुक्त नहीं है।

इस प्रकार से अपने शरीर के बारे में सत्य स्वभाव को बोध करते हुए शरीर पर विपस्सना करता है। दूसरों का शरीर के बारे में सत्य स्वभाव को बोध करते हुए शरीर पर विपस्सना करता है। अपना और दूसरों का शरीर के बारे में सत्य स्वभाव को बोध करते हुए मृत शरीर को मनन करके शरीर पर विपस्सना करता है।

शरीर के अस्तित्व का उत्पन्न होने का सत्य स्वभाव को बोध करते हुए विपस्सना करता है। शरीर के अस्तित्व का नष्ट होने का सत्य स्वभाव को बोध करते हुए विपस्सना करता है। शरीर के अस्तित्व का

उत्पन्न और नष्ट होने का सत्य स्वभाव को बोध करते हुए विपस्सना करता है।

शमशान में यह शरीर विनाश होने वाले स्वभाव से युक्त है, ऐसा उसका सति-स्मृति स्थापित होता है। वह उसके लिए बोध बढ़ाने के लिए, सति-स्मृति बढ़ाने के लिए उपकार होता है। अनासक्त होकर वास करता है। दुनिया में किसी भी चीज के प्रति तृष्णा नहीं करता है।

हे भिक्षुओं ! ऐसे भी धर्म पर चलने वाला श्रद्धालु व्यक्ति शरीर का सत्य स्वभाव को बोध करते हुए शरीर पर विपस्सना करता है।

आठवाँ सीवथिक

और दूसरा तरीका बताऊँगा। हे भिक्षुओं ! इस धर्म पर चलने वाला श्रद्धालु व्यक्ति जैसे शमशान में छोड़ा हुआ मृत शरीर देखता है। जो हड्डियाँ जगह-जगह पर कई वर्षो से इकट्ठा हुई है। वह अपने शरीर के बारे में वैसे हीं तुलना करता है। यह शरीर भी इसी स्वभाव का है, ऐसा होने वाला है, इस स्वभाव से मुक्त नहीं है।

इस प्रकार से अपने शरीर के बारे में सत्य स्वभाव को बोध करते हुए शरीर पर विपस्सना करता है। दूसरों का शरीर के बारे में सत्य स्वभाव को बोध करते हुए शरीर पर विपस्सना करता है। अपना और दूसरों का शरीर के बारे में सत्य स्वभाव को बोध करते हुए मृत शरीर को मनन करके शरीर पर विपस्सना करता है।

शरीर के अस्तित्व का उत्पन्न होने का सत्य स्वभाव को बोध करते हुए विपस्सना करता है। शरीर के अस्तित्व का नष्ट होने का सत्य स्वभाव को बोध करते हुए विपस्सना करता है। शरीर के अस्तित्व का उत्पन्न और नष्ट होने का सत्य स्वभाव को बोध करते हुए विपस्सना करता है।

शमशान में यह शरीर विनाश होने वाले स्वभाव से युक्त है, ऐसा उसका सति-स्मृति स्थापित होता है। वह उसके लिए बोध बढ़ाने के लिए, सति-स्मृति बढ़ाने के लिए उपकार होता है। अनासक्त होकर वास करता है। दुनिया में किसी भी चीज के प्रति तृष्णा नहीं करता है।

हे भिक्षुओं ! ऐसे भी धर्म पर चलने वाला श्रद्धालु व्यक्ति शरीर का सत्य स्वभाव को बोध करते हुए शरीर पर विपस्सना करता है।

नौवां सीवथिक

और दूसरा तरीका बताऊँगा। हे भिक्षुओं ! इस धर्म पर चलने वाला श्रद्धालु व्यक्ति जैसे शमशान में छोड़ा हुआ मृत शरीर देखता है। जो हड्डियाँ सड़ गई है, और चूर्ण हो गई है। वह अपने शरीर के बारे में वैसे हीं तुलना करता है। यह शरीर भी इसी स्वभाव का है, ऐसा होने वाला है, इस स्वभाव से मुक्त नहीं है।

इस प्रकार से अपने शरीर के बारे में सत्य स्वभाव को बोध करते हुए शरीर पर विपस्सना करता है। दूसरों का शरीर के बारे में सत्य स्वभाव को बोध करते हुए शरीर पर विपस्सना करता है। अपना और दूसरों का शरीर के बारे में सत्य स्वभाव को बोध करते हुए मृत शरीर को मनन करके शरीर पर विपस्सना करता है।

शरीर के अस्तित्व का उत्पन्न होने का सत्य स्वभाव को बोध करते हुए विपस्सना करता है। शरीर के अस्तित्व का नष्ट होने का सत्य स्वभाव को बोध करते हुए विपस्सना करता है। शरीर के अस्तित्व का उत्पन्न और नष्ट होने का सत्य स्वभाव को बोध करते हुए विपस्सना करता है।

इस शरीर की हड्डीयाँ भी नष्ट होने वाले स्वभाव से युक्त है, ऐसा उसका सति-स्मृति स्थापित होता है। वह उसके लिए बोध बढ़ाने के

लिए, सति-स्मृति बढ़ाने के लिए उपकार होता है। अनासक्त होकर वास करता है। दुनिया में किसी भी चीज के प्रति तृष्णा नहीं करता है।

हे भिक्षुओं ! ऐसे भी धर्म पर चलने वाला श्रद्धालु व्यक्ति शरीर का सत्य स्वभाव बोध करते हुए शरीर पर विपस्सना करता है।

वेदनानुपस्सना

(संवेदनाओं के सत्य स्वभाव को देखना)

हे भिक्षुओं ! इस धर्म पर चलने वाला श्रद्धालु व्यक्ति सुख, दुख, अदुख-असुख संवेदनाओं के प्रति सत्य स्वभाव को बोध करते हुए संवेदना में विपस्सना कैसे करता है ?

हे भिक्षुओं ! इस धर्म पर चलने वाला श्रद्धालु व्यक्ति सुख संवेदना अनुभव करते समय; मैं सुख संवेदना अनुभव कर रहा हूँ, ऐसा भलि प्रकार से जानता है।

दुख संवेदना अनुभव करते समय; मैं दुख संवेदना अनुभव कर रहा हूँ, ऐसा भलि प्रकार से जानता है।

अदुख-असुख संवेदना अनुभव करते समय; मैं अदुख-असुख संवेदना अनुभव कर रहा हूँ, ऐसा भलि प्रकार से जानता है।

पंचकाम गुण से मिलने वाले सामिस (ललचाने वाली) सुख संवेदना अनुभव करते समय; मैं सामिस सुख संवेदना अनुभव कर रहा हूँ, ऐसा भलि प्रकार से जानता है।

पंचकाम गुण से रहित मिलने वाले निरामिस (लालच रहित) सुख संवेदना अनुभव करते समय; मैं निरामिस सुख संवेदना अनुभव कर

रहा हूँ, ऐसा भलि प्रकार से जानता है।

पंचकाम गुण से मिलने वाले सामिस दुख संवेदना अनुभव करते समय; मैं सामिस दुख संवेदना अनुभव कर रहा हूँ, ऐसा भलि प्रकार से जानता है।

पंचकाम गुण से रहित मिलने वाले निरामिस दुख संवेदना अनुभव करते समय; मैं निरामिस दुख संवेदना अनुभव कर रहा हूँ, ऐसा भलि प्रकार से जानता है।

पंचकाम गुण से मिलने वाले सामिस अदुख-असुख संवेदना अनुभव करते समय; मैं सामिस अदुख-असुख संवेदना अनुभव कर रहा हूँ, ऐसा भलि प्रकार से जानता है।

पंचकाम गुण से रहित मिलने वाले निरामिस अदुख-असुख संवेदना अनुभव करते समय; मैं निरामिस अदुख-असुख संवेदना अनुभव कर रहा हूँ, ऐसा भलि प्रकार से जानता है।

इस प्रकार से अपनी संवेदनाओं के बारे में सत्य स्वभाव को बोध करते हुए संवेदनाओं पर विपस्सना करता है। दूसरों की संवेदनाओं के बारे में सत्य स्वभाव को बोध करते हुए संवेदनाओं पर विपस्सना करता है। अपनी और दूसरों की संवेदनाओं के बारे में सत्य स्वभाव को बोध करते हुए संवेदनाओं पर विपस्सना करता है।

---

* सामिस संवेदना :- रूप, शब्द, गंध, रस, स्पर्श; ये पंचकाम से मिलने वाले संवेदना।

* निरामिस संवेदना :- दान देने से, शील पालन करने से, ध्यान-साधना करने से, दूसरों को मदद करने से, आदि कुशल करने से उत्पन्न होने वाले संवेदना।

संवेदनाओं के उत्पन्न होने का सत्य स्वभाव को बोध करते हुए विपस्सना करता है। संवेदनाओं के नष्ट होने का सत्य स्वभाव को बोध करते हुए विपस्सना करता है। संवेदनाओं के उत्पन्न और नष्ट होने का सत्य स्वभाव को बोध करते हुए विपस्सना करता है।

सुख, दुख, अदुख-असुख संवेदना है, ऐसी उसकी सति-स्मृति स्थापित होती है। वह उसके लिए बोध बढ़ाने के लिए, सति-स्मृति बढ़ाने के लिए उपकार होता है। अनासक्त होकर वास करता है। दुनिया में किसी भी चीज के प्रति तृष्णा नहीं करता है।

हे भिक्षुओं ! ऐसे भी धर्म पर चलने वाला श्रद्धालु व्यक्ति संवेदना का सत्य स्वभाव को बोध करते हुए संवेदनाओं में विपस्सना करता है।

चित्तानुपस्सना

(चित्त के सत्य स्वभाव को देखना)

हे भिक्षुओं ! इस धर्म पर चलने वाला श्रद्धालु व्यक्ति चित्त के सत्य स्वभाव को बोध करते हुए चित्त पर विपस्सना कैसे करता है ?

हे भिक्षुओं ! इस धर्म पर चलने वाला श्रद्धालु व्यक्ति राग सहित (कामुक) चित्त उत्पन्न होने पर, राग चित्त उत्पन्न हुआ है, ऐसा भलि प्रकार से जानता है।

राग रहित चित्त उत्पन्न होने पर, वैराग चित्त उत्पन्न हुआ है, ऐसा भलि प्रकार से जानता है।

द्वेष सहित चित्त उत्पन्न होने पर, द्वेष चित्त उत्पन्न हुआ है, ऐसा भलि प्रकार से जानता है।

द्वेष रहित चित्त उत्पन्न होने पर, द्वेष रहित चित्त उत्पन्न हुआ है, ऐसा भलि प्रकार से जानता है।

मोह-माया सहित चित्त उत्पन्न होने पर, मोह-माया चित्त उत्पन्न हुआ है, ऐसा भलि प्रकार से जानता है।

मोह-माया रहित चित्त उत्पन्न होने पर, मोह-माया रहित चित्त उत्पन्न हुआ है, ऐसा भलि प्रकार से जानता है।

कायिक या मानसिक आलस से संकुचित चित्त उत्पन्न होने पर, संकुचित चित्त उत्पन्न हुआ है, ऐसा भलि प्रकार से जानता है।

बिना ज्ञान से मनन के कारण बाहरी विचारों में भटका हुआ प्रसारित चित्त उत्पन्न होने पर, प्रसारित चित्त उत्पन्न हुआ है, ऐसा भलि प्रकार से जानता है।

सति-स्मृति से बलवान चित्त उत्पन्न होने पर, सति-स्मृति से बलवान चित्त उत्पन्न हुआ है, ऐसा भलि प्रकार से जानता है।

सति-स्मृति से दुर्बल चित्त उत्पन्न होने पर, सति-स्मृति से दुर्बल चित्त उत्पन्न हुआ है, ऐसा भलि प्रकार से जानता है।

समाधि से बढ़ा हुआ उदार चित्त उत्पन्न होने पर, समाधि से बढ़ा हुआ उदार चित्त उत्पन्न हुआ है, ऐसा भलि प्रकार से जानता है।

बलवान समाधि से बढ़ा हुआ श्रेष्ठ चित्त उत्पन्न होने पर, बलवान समाधि से बढ़ा हुआ श्रेष्ठ चित्त उत्पन्न हुआ है, ऐसा भलि प्रकार से जानता है।

समाधि से एकाग्र चित्त उत्पन्न होने पर, समाधि से एकाग्र चित्त उत्पन्न हुआ है, ऐसा भलि प्रकार से जानता है।

असमाधि से अशांत चित्त उत्पन्न होने पर, अशांत चित्त उत्पन्न हुआ है, ऐसा भलि प्रकार से जानता है।

मन की गंदगियों से मुक्त हुआ चित्त उत्पन्न होने पर, मुक्त चित्त उत्पन्न हुआ है, ऐसा भलि प्रकार से जानता है।

मन की गंदगियों से अमुक्त चित्त उत्पन्न होने पर, मन की गंदगियों से युक्त चित्त उत्पन्न हुआ है, ऐसा भलि प्रकार से जानता है।

इस प्रकार से अपने चित्त के सत्य स्वभाव को बोध करते हुए चित्त पर विपस्सना करता है। दूसरों के चित्त के सत्य स्वभाव को बोध करते हुए चित्त पर विपस्सना करता है। अपने और दूसरों के चित्त के सत्य स्वभाव को बोध करते हुए चित्त पर विपस्सना करता है।

इन सारे चित्त के उत्पन्न होने का सत्य स्वभाव को बोध करते हुए विपस्सना करता है। इन सारे चित्त के नष्ट होने का सत्य स्वभाव को बोध करते हुए विपस्सना करता है। इन सारे चित्त के उत्पन्न और नष्ट होने के सत्य स्वभाव को बोध करते हुए चित्त पर विपस्सना करता है।

सोलह प्रकार का चित्त है, ऐसा उसका सति-स्मृति स्थापित होता है। यह उसके बोध बढ़ाने के लिए, सति-स्मृति बढ़ाने के लिए उपकार होता है। अनासक्त होकर वास करता है। दुनिया में किसी भी चीज के प्रति तृष्णा नहीं करता है।

हे भिक्षुओं ! ऐसे भी धर्म पर चलने वाला श्रद्धालु व्यक्ति चित्त के सत्य स्वभाव को बोध करते हुए चित्त पर विपस्सना करता है।

धम्मानुपस्सना

(धर्म के सत्य स्वभाव को देखना)

नीवरणपब्बं

(सति-स्मृति को दुर्बल करने वाले पंच नीवरण)

हे भिक्षुओं ! इस धर्म पर चलने वाला श्रद्धालु व्यक्ति धर्म के सत्य स्वभाव को बोध करते हुए धर्म पर विपस्सना कैसे करता है ?

हे भिक्षुओं ! इस धर्म पर चलने वाला श्रद्धालु व्यक्ति सति-स्मृति को दुर्बल करने वाला, मन को दूषित करने वाला पंचनीवरणों के सत्य स्वभाव को बोध करते हुए धर्म पर विपस्सना करता है।

हे भिक्षुओं ! इस धर्म पर चलने वाला श्रद्धालु व्यक्ति सति-स्मृति को दुर्बल करने वाले, मन को दूषित करने वाला पंचनीवरणों के प्रति सत्य स्वभाव को बोध करते हुए धर्म पर विपस्सना कैसे करता है ?

हे भिक्षुओं ! इस धर्म पर चलने वाला श्रद्धालु व्यक्ति अपने भीतर रूप, शब्द, गंध, रस, और स्पर्श नाम का पंचकामों के प्रति आशा होने पर, मेरे भीतर पंचकामों के प्रति आशा है, ऐसा भलि प्रकार से जानता है। अपने भीतर पंचकामों के प्रति आशा नहीं होने पर, मेरे भीतर पंचकामों के प्रति आशा नहीं है, ऐसा भलि प्रकार से जानता है। अनुत्पन्न पंचकाम के प्रति आशा जिस कारण से उत्पन्न होता है, उसे भलि प्रकार से जानता है। उत्पन्न हुआ पंचकाम के प्रति आशा जिस कारण से नष्ट होता है, उसे भी भलि प्रकार से जानता है। इस प्रकार से नष्ट हो गया हुआ पंचकाम के प्रति आशा फिर कभी उत्पन्न नहीं होता है, उसे भी भलि प्रकार से जानता है।

अपने भीतर द्वेष होने पर, मेरे भीतर द्वेष है ; ऐसा भलि प्रकार से जानता है। अपने भीतर द्वेष नहीं होने पर, मेरे भीतर द्वेष नहीं है,

ऐसा भलि प्रकार से जानता है। अनुत्पन्न द्वेष जिस कारण से उत्पन्न होता है, उसे भलि प्रकार से जानता है। उत्पन्न हुआ द्वेष जिस कारण से नष्ट होता है, उसे भी भलि प्रकार से जानता है। इस प्रकार से नष्ट हो गया हुआ द्वेष फिर कभी उत्पन्न नहीं होता है, उसे भी भलि प्रकार से जानता है।

अपने भीतर नींद और आलस होने पर, मेरे भीतर नींद और आलस है ; ऐसा भलि प्रकार से जानता है। अपने भीतर नींद और आलस नहीं होने पर, मेरे भीतर नींद और आलस नहीं है, ऐसा भलि प्रकार से जानता है। अनुत्पन्न नींद और आलस जिस कारण से उत्पन्न होता है, उसे भलि प्रकार से जानता है। उत्पन्न हुआ नींद और आलस जिस कारण से नष्ट होता है, उसे भी भलि प्रकार से जानता है। इस प्रकार से नष्ट हो गया हुआ नींद और आलस फिर कभी उत्पन्न नहीं होता है, उसे भी भलि प्रकार से जानता है।

अपने भीतर चित्त का भटकना और पछतावा होने पर, मेरे भीतर चित्त का भटकना और पछतावा है; ऐसा भलि प्रकार से जानता है। अपने भीतर चित्त का भटकना और पछतावा नहीं होने पर, मेरे भीतर चित्त का भटकना और पछतावा नहीं है, ऐसा भलि प्रकार से जानता है। अनुत्पन्न चित्त का भटकना और पछतावा, जिस कारण से उत्पन्न होता है, उसे भलि प्रकार से जानता है। उत्पन्न हुआ चित्त का भटकना और पछतावा, जिस कारण से नष्ट होता है, उसे भी भलि प्रकार से जानता है। इस प्रकार से नष्ट हो गया हुआ चित्त का भटकना और पछतावा फिर कभी उत्पन्न नहीं होता है, उसे भी भलि प्रकार से जानता है।

अपने भीतर बुद्धवाणी के प्रति संदेह होने पर, मेरे भीतर संदेह है ; ऐसा भलि प्रकार से जानता है। अपने भीतर बुद्धवाणी के प्रति

संदेह नहीं होने पर, मेरे भीतर संदेह नहीं है, ऐसा भलि प्रकार से जानता है। अनुत्पन्न बुद्धवाणी के प्रति संदेह जिस कारण से उत्पन्न होता है, उसे भलि प्रकार से जानता है। उत्पन्न हुआ बुद्धवाणी के प्रति संदेह जिस कारण से नष्ट होता है, उसे भी भलि प्रकार से जानता है। इस प्रकार से नष्ट हो गया हुआ बुद्धवाणी के प्रति संदेह फिर कभी उत्पन्न नहीं होता है, उसे भी भलि प्रकार से जानता है।

इस प्रकार से अपने पंचनीवरणों के सत्य स्वभाव को बोध करते हुए धर्म पर विपस्सना करता है। दूसरों का पंचनीवरणों के सत्य स्वभाव को बोध करते हुए धर्म पर विपस्सना करता है। अपने और दूसरों के पंचनीवरणों के सत्य स्वभाव को बोध करते हुए धर्म पर विपस्सना करता है।

इन पंचनीवरणों के उत्पन्न होने का सत्य स्वभाव को बोध करते हुए धर्म पर विपस्सना करता है। इन पंचनीवरणों के नष्ट होने का सत्य स्वभाव को बोध करते हुए धर्म पर विपस्सना करता है। इन पंचनीवरणों के उत्पन्न और नष्ट होने के सत्य स्वभाव को बोध करते हुए धर्म पर विपस्सना करता है।

ये पंचनीवरण है, ऐसा उसका सति-स्मृति स्थापित होता है। वह उसके लिए बोध बढ़ाने के लिए, सति-स्मृति बढ़ाने के लिए उपकार होता है। अनासक्त होकर वास करता है। दुनिया में किसी भी चीज के प्रति तृष्णा नहीं करता है।

हे भिक्षुओं ! ऐसे भी धर्म पर चलने वाला श्रद्धालु व्यक्ति पंचनीवरणों के बारे में सत्य स्वभाव को बोध करते हुए धर्म पर विपस्सना करता है।

खन्धपब्बं

(पाँच प्रकार की दृढ़ बंधन)

और दूसरा तरीका बताऊँगा। हे भिक्षुओं ! इस धर्म पर चलने वाला श्रद्धालु व्यक्ति पांच प्रकार की दृढ़ बंधन के प्रति सत्य स्वभाव को बोध करते हुए धर्म पर विपस्सना करता है।

हे भिक्षुओं ! इस धर्म पर चलने वाला श्रद्धालु व्यक्ति पांच प्रकार की दृढ़ बंधन के प्रति सत्य स्वभाव को बोध करते हुए धर्म पर विपस्सना कैसे करता है ?

हे भिक्षुओं ! इस धर्म पर चलने वाला श्रद्धालु व्यक्ति पृथ्वी, जल, अग्नि और वायु; इन चार तत्वों से बना इस महाभूत (शरीर) का स्वभाव ऐसा है। महाभूत के उत्पन्न होने का स्वभाव ऐसा है। महाभूत के नष्ट होने का स्वभाव ऐसा है।

सुख, दुख, अदुख-असुख नाम की संवेदना का स्वभाव ऐसा है। संवेदना के उत्पन्न होने का स्वभाव ऐसा है। संवेदना के नष्ट होने का स्वभाव ऐसा है।

पहचान का स्वभाव ऐसा है। पहचान के उत्पन्न होने का स्वभाव ऐसा है। पहचान के नष्ट होने का स्वभाव ऐसा है।

चिंतन (सोचना) का स्वभाव ऐसा है। चिंतन के उत्पन्न होने का स्वभाव ऐसा है। चिंतन के नष्ट होने का स्वभाव ऐसा है।

जान जाना या विज्ञात होना का स्वभाव ऐसा है। जान जाना या विज्ञात होना के उत्पन्न होने का स्वभाव ऐसा है। जान जाना या विज्ञात होना के नष्ट होने का स्वभाव ऐसा है।

इस प्रकार से अपने पांच प्रकार की दृढ़ बंधन के बारे में सत्य स्वभाव को बोध करते हुए धर्म पर विपस्सना करता है। दूसरों के

पांच प्रकार की दृढ़ बंधन के बारे में सत्य स्वभाव को बोध करते हुए धर्म पर विपस्सना करता है। अपने और दूसरों के पांच प्रकार की दृढ़ बंधन के बारे में सत्य स्वभाव को बोध करते हुए धर्म पर विपस्सना करता है।

ये पांच प्रकार की दृढ़ बंधन के उत्पन्न होने का सत्य स्वभाव को बोध करते हुए धर्म पर विपस्सना करता है। ये पांच प्रकार की दृढ़ बंधन के नष्ट होने का सत्य स्वभाव को बोध करते हुए धर्म पर विपस्सना करता है। ये पांच प्रकार की दृढ़ बंधन के उत्पन्न और नष्ट होने का सत्य स्वभाव को बोध करते हुए धर्म पर विपस्सना करता है।

ये पांच प्रकार की दृढ़ बंधन है, ऐसा उसका सति-स्मृति स्थापित होता है। वह उसके लिए बोध बढ़ाने के लिए, सति-स्मृति बढ़ाने के लिए उपकार होता है। अनासक्त होकर वास करता है। दुनिया में किसी भी चीज के प्रति तृष्णा नहीं करता है।

हे भिक्षुओं ! ऐसे भी धर्म पर चलने वाला श्रद्धालु व्यक्ति पांच प्रकार की दृढ़ बंधन के बारे में सत्य स्वभाव को बोध करते हुए धर्म पर विपस्सना करता है।

आयतनपब्बं

(छः आंतरिक और बाहरी इन्द्रिय)

और दूसरा तरीका बताऊँगा। हे भिक्षुओं ! इस धर्म पर चलने वाला श्रद्धालु व्यक्ति छः प्रकार के आंतरिक और बाहरी इन्द्रियों के प्रति सत्य स्वभाव को बोध करते हुए धर्म पर विपस्सना करता है।

हे भिक्षुओं ! इस धर्म पर चलने वाला श्रद्धालु व्यक्ति छः प्रकार के आंतरिक और बाहरी इन्द्रियों के प्रति सत्य स्वभाव को बोध करते हुए धर्म पर विपस्सना कैसे करता है ?

हे भिक्षुओं ! इस धर्म पर चलने वाला श्रद्धालु व्यक्ति; आँख का स्वभाव भलि प्रकार से जानता है। आँख से दिखने वाले रूप के स्वभाव को भलि प्रकार से जानता है। आँख और रूप के कारण से मन में जो गंदगी का बंधन उत्पन्न होता है, उसे भलि प्रकार से जानता है। अनुत्पन्न मन की गंदगी का बंधन जिस कारण से उत्पन्न होता है, उसे भी भलि प्रकार से जानता है। उत्पन्न हुआ मन की गंदगी का बंधन जिस कारण से नष्ट होता है, उसे भी भलि प्रकार से जानता है। नष्ट हो गया हुआ मन की गंदगी का बंधन जिस कारण से फिर कभी भी उत्पन्न नहीं होता है, उसे भी भलि प्रकार से जानता है।

कान का स्वभाव भलि प्रकार से जानता है। कान से सुनाई देने वाला आवाज के स्वभाव को भलि प्रकार से जानता है। कान और आवाज के कारण से मन में जो गंदगी का बंधन उत्पन्न होता है, उसे भलि प्रकार से जानता है। अनुत्पन्न मन की गंदगी का बंधन जिस कारण से उत्पन्न होता है, उसे भी भलि प्रकार से जानता है। उत्पन्न हुआ मन की गंदगी का बंधन जिस कारण से नष्ट होता है, उसे भी भलि प्रकार से जानता है। नष्ट हो गया हुआ मन की गंदगी का बंधन जिस कारण से फिर कभी भी उत्पन्न नहीं होता है, उसे भी भलि प्रकार से जानता है।

नाक का स्वभाव भलि प्रकार से जानता है। नाक से लेने वाली गंध के स्वभाव को भलि प्रकार से जानता है। नाक और गंध के कारण से मन में जो गंदगी का बंधन उत्पन्न होता है, उसे भलि प्रकार से जानता है। अनुत्पन्न मन की गंदगी का बंधन जिस कारण से उत्पन्न होता है, उसे भी भलि प्रकार से जानता है। उत्पन्न हुआ मन की गंदगी का बंधन जिस कारण से नष्ट होता है, उसे भी भलि प्रकार से जानता है। नष्ट हो गया हुआ मन की गंदगी का बंधन जिस कारण से फिर कभी भी उत्पन्न नहीं होता है, उसे भी भलि प्रकार से जानता है।

जीभ का स्वभाव भलि प्रकार से जानता है। जीभ से चखने वाली स्वाद के स्वभाव को भलि प्रकार से जानता है। जीभ और स्वाद के कारण से मन में जो गंदगी का बंधन उत्पन्न होता है, उसे भलि प्रकार से जानता है। अनुत्पन्न मन की गंदगी का बंधन जिस कारण से उत्पन्न होता है, उसे भी भलि प्रकार से जानता है। उत्पन्न हुआ मन की गंदगी का बंधन जिस कारण से नष्ट होता है, उसे भी भलि प्रकार से जानता है। नष्ट हो गया हुआ मन की गंदगी का बंधन जिस कारण से फिर कभी भी उत्पन्न नहीं होता है, उसे भी भलि प्रकार से जानता है।

शरीर का स्वभाव भलि प्रकार से जानता है। शरीर से महसूस करने वाले स्पर्श के स्वभाव को भलि प्रकार से जानता है। शरीर और स्पर्श के कारण से मन में जो गंदगी का बंधन उत्पन्न होता है, उसे भलि प्रकार से जानता है। अनुत्पन्न मन की गंदगी का बंधन जिस कारण से उत्पन्न होता है, उसे भी भलि प्रकार से जानता है। उत्पन्न हुआ मन की गंदगी का बंधन जिस कारण से नष्ट होता है, उसे भी भलि प्रकार से जानता है। नष्ट हो गया हुआ मन की गंदगी का बंधन जिस कारण से फिर कभी भी उत्पन्न नहीं होता है, उसे भी भलि प्रकार से जानता है।

मन का स्वभाव भलि प्रकार से जानता है। मन से सोचने वाले विचारों के स्वभाव को भलि प्रकार से जानता है। मन और विचारों के कारण से मन में जो गंदगी का बंधन उत्पन्न होता है, उसे भलि प्रकार से जानता है। अनुत्पन्न मन की गंदगी का बंधन जिस कारण से उत्पन्न होता है, उसे भी भलि प्रकार से जानता है। उत्पन्न हुआ मन की गंदगी का बंधन जिस कारण से नष्ट होता है, उसे भी भलि प्रकार से जानता है। नष्ट हो गया हुआ मन की गंदगी का बंधन जिस कारण से फिर कभी भी उत्पन्न नहीं होता है, उसे भी भलि प्रकार से जानता है।

इस प्रकार से अपनी आंतरिक और बाहरी इन्द्रियों के बारे में

सत्य स्वभाव को बोध करते हुए धर्म पर विपस्सना करता है। दूसरों की आंतरिक और बाहरी इन्द्रियों के बारे में सत्य स्वभाव को बोध करते हुए धर्म पर विपस्सना करता है। अपनी और दूसरों की आंतरिक और बाहरी इन्द्रियों के बारे में सत्य स्वभाव को बोध करते हुए धर्म पर विपस्सना करता है।

ये आंतरिक और बाहरी इन्द्रियों के उत्पन्न होने का सत्य स्वभाव को बोध करते हुए धर्म पर विपस्सना करता है। ये आंतरिक और बाहरी इन्द्रियों के नष्ट होने का सत्य स्वभाव को बोध करते हुए धर्म पर विपस्सना करता है। ये आंतरिक और बाहरी इन्द्रियों के उत्पन्न और नष्ट होने का सत्य स्वभाव को बोध करते हुए धर्म पर विपस्सना करता है।

आंतरिक और बाहरी इन्द्रिय है, ऐसे उसका सति-स्मृति स्थापित होता है। वह उसके लिए बोध बढ़ाने के लिए, सति-स्मृति बढ़ाने के लिए उपकार होता है। अनासक्त होकर वास करता है। दुनिया में किसी भी चीज के प्रति तृष्णा नहीं करता है।

हे भिक्षुओं ! ऐसे भी धर्म पर चलने वाला श्रद्धालु व्यक्ति आंतरिक और बाहरी इन्द्रियों के बारे में सत्य स्वभाव को बोध करते हुए धर्म पर विपस्सना करता है।

बोज्झंगपब्बं

(परम सत्य से ज्ञान प्राप्त करने का सप्तअंग)

और दूसरा तरीका बताऊँगा। हे भिक्षुओं ! इस धर्म पर चलने वाला श्रद्धालु व्यक्ति परम सत्य से ज्ञान प्राप्त करने का सात प्रकार की अंग (सप्त बोज्झंग) के प्रति सत्य स्वभाव को बोध करते हुए धर्म पर विपस्सना करता है।

हे भिक्षुओं ! इस धर्म पर चलने वाला श्रद्धालु व्यक्ति परम सत्य से ज्ञान प्राप्त करने का सात प्रकार की अंग (सप्त बोज्झंग) के प्रति सत्य स्वभाव को बोध करते हुए धर्म पर विपस्सना कैसे करता है ?

1. हे भिक्षुओं ! इस धर्म पर चलने वाला श्रद्धालु व्यक्ति परम सत्य से ज्ञान प्राप्त करने का 'सति-स्मृति' अंग अपने भीतर होने पर, मेरे भीतर परम सत्य से ज्ञान प्राप्त करने का 'सति-स्मृति' अंग है, ऐसा भलि प्रकार से जानता है।

परम सत्य से ज्ञान प्राप्त करने का 'सति-स्मृति' अंग अपने भीतर नहीं होने पर, मेरे भीतर परम सत्य से ज्ञान प्राप्त करने का 'सति-स्मृति' अंग नहीं है, ऐसा भलि प्रकार से जानता है।

अनुत्पन्न परम सत्य से ज्ञान प्राप्त करने का 'सति-स्मृति' अंग जिस कारण से उत्पन्न होता है, उसे भी भलि प्रकार से जानता है। उत्पन्न हुआ परम सत्य से ज्ञान प्राप्त करने का 'सति-स्मृति' अंग जिस कारण से साधना के द्वारा सम्पूर्ण होता है, उसे भी भलि प्रकार से जानता है।

2. परम सत्य से ज्ञान प्राप्त करने का 'सत्य विचार' अंग अपने भीतर होने पर, मेरे भीतर परम सत्य से ज्ञान प्राप्त करने का सत्य विचार का अंग है, ऐसा भलि प्रकार से जानता है।

परम सत्य से ज्ञान प्राप्त करने का 'सत्य विचार' अंग अपने भीतर नहीं होने पर, मेरे भीतर परम सत्य से ज्ञान प्राप्त करने का सत्य विचार का अंग नहीं है, ऐसा भलि प्रकार से जानता है।

अनुत्पन्न परम सत्य से ज्ञान प्राप्त करने का 'सत्य विचार' अंग जिस कारण से उत्पन्न होता है, उसे भी भलि प्रकार से जानता है। उत्पन्न हुआ परम सत्य से ज्ञान प्राप्त करने का 'सत्य विचार' अंग

जिस कारण से साधना के द्वारा सम्पूर्ण होता है, उसे भी भलि प्रकार से जानता है।

3. परम सत्य से ज्ञान प्राप्त करने का 'अखंड प्रयास' अंग अपने भीतर होने पर, मेरे भीतर परम सत्य से ज्ञान प्राप्त करने का अखंड प्रयास अंग है, ऐसा भलि प्रकार से जानता है।

परम सत्य से ज्ञान प्राप्त करने का 'अखंड प्रयास' अंग अपने भीतर नहीं होने पर, मेरे भीतर परम सत्य से ज्ञान प्राप्त करने का अखंड प्रयास अंग नहीं है, ऐसा भलि प्रकार से जानता है।

अनुत्पन्न परम सत्य से ज्ञान प्राप्त करने का 'अखंड प्रयास' अंग जिस कारण से उत्पन्न होता है, उसे भी भलि प्रकार से जानता है। उत्पन्न हुआ परम सत्य से ज्ञान प्राप्त करने का अखंड प्रयास' अंग जिस कारण से साधना के द्वारा सम्पूर्ण होता है, उसे भी भलि प्रकार से जानता है।

4. परम सत्य से ज्ञान प्राप्त करने का 'ध्यान खुशी' अंग अपने भीतर होने पर, मेरे भीतर परम सत्य से ज्ञान प्राप्त करने का ध्यान खुशी अंग है, ऐसा भलि प्रकार से जानता है।

परम सत्य से ज्ञान प्राप्त करने का 'ध्यान-खुशी' अंग अपने भीतर नहीं होने पर, मेरे भीतर परम सत्य से ज्ञान प्राप्त करने का ध्यान खुशी का अंग नहीं है, ऐसा भलि प्रकार से जानता है।

अनुत्पन्न परम सत्य से ज्ञान प्राप्त करने का 'ध्यान-खुशी' अंग जिस कारण से उत्पन्न होता है, उसे भी भलि प्रकार से जानता है। उत्पन्न हुआ परम सत्य से ज्ञान प्राप्त करने का 'ध्यान-खुशी' अंग जिस कारण से साधना के द्वारा सम्पूर्ण होता है, उसे भी भलि प्रकार से जानता है।

5. परम सत्य से ज्ञान प्राप्त करने का 'ध्यान हल्कापन' अंग अपने भीतर होने पर, मेरे भीतर परम सत्य से ज्ञान प्राप्त करने का ध्यान हल्कापन अंग है, ऐसा भलि प्रकार से जानता है।

परम सत्य से ज्ञान प्राप्त करने का 'ध्यान हल्कापन' अंग अपने भीतर नहीं होने पर, मेरे भीतर परम सत्य से ज्ञान प्राप्त करने का ध्यान हल्कापन अंग नहीं है, ऐसा भलि प्रकार से जानता है।

अनुत्पन्न परम सत्य से ज्ञान प्राप्त करने का 'ध्यान हल्कापन' अंग जिस कारण से उत्पन्न होता है, उसे भी भलि प्रकार से जानता है। उत्पन्न हुआ परम सत्य से ज्ञान प्राप्त करने का 'ध्यान हल्कापन' अंग जिस कारण से साधना के द्वारा सम्पूर्ण होता है, उसे भी भलि प्रकार से जानता है।

6. परम सत्य से ज्ञान प्राप्त करने का 'ध्यान-समाधि' अंग अपने भीतर होने पर, मेरे भीतर परम सत्य से ज्ञान प्राप्त करने का ध्यान-समाधि अंग है, ऐसा भलि प्रकार से जानता है।

परम सत्य से ज्ञान प्राप्त करने का 'ध्यान-समाधि' अंग अपने भीतर नहीं होने पर, मेरे भीतर परम सत्य से ज्ञान प्राप्त करने का ध्यान-समाधि अंग नहीं है, ऐसा भलि प्रकार से जानता है।

अनुत्पन्न परम सत्य से ज्ञान प्राप्त करने का 'ध्यान-समाधि' अंग जिस कारण से उत्पन्न होता है, उसे भी भलि प्रकार से जानता है। उत्पन्न हुआ परम सत्य से ज्ञान प्राप्त करने का 'ध्यान-समाधि' अंग जिस कारण से साधना के द्वारा सम्पूर्ण होता है, उसे भी भलि प्रकार से जानता है।

7. परम सत्य से ज्ञान प्राप्त करने का 'ध्यान समता' अंग अपने भीतर होने पर, मेरे भीतर परम सत्य से ज्ञान प्राप्त करने का ध्यान समता अंग है, ऐसा भलि प्रकार से जानता है।

परम सत्य से ज्ञान प्राप्त करने का 'ध्यान समता' अंग अपने भीतर नहीं होने पर, मेरे भीतर परम सत्य से ज्ञान प्राप्त करने का ध्यान समता अंग नहीं है, ऐसा भलि प्रकार से जानता है।

अनुत्पन्न परम सत्य से ज्ञान प्राप्त करने का 'ध्यान समता' अंग जिस कारण से उत्पन्न होता है, उसे भी भलि प्रकार से जानता है। उत्पन्न हुआ परम सत्य से ज्ञान प्राप्त करने का 'ध्यान समता' अंग जिस कारण से साधना के द्वारा सम्पूर्ण होता है, उसे भी भलि प्रकार से जानता है।

इस प्रकार से अपने भीतर परम सत्य से ज्ञान प्राप्त करने का सात प्रकार के अंग के बारे में सत्य स्वभाव को बोध करते हुए धर्म पर विपस्सना करता है। दूसरों के परम सत्य से ज्ञान प्राप्त करने का सात प्रकार के अंग के बारे में सत्य स्वभाव को बोध करते हुए धर्म पर विपस्सना करता है। अपने और दूसरों के परम सत्य से ज्ञान प्राप्त करने का सात प्रकार के अंग के बारे में सत्य स्वभाव को बोध करते हुए धर्म पर विपस्सना करता है।

ये सात प्रकार के परम सत्य से ज्ञान प्राप्त करने का अंगों के उत्पन्न होने का सत्य स्वभाव को बोध करते हुए धर्म पर विपस्सना करता है। ये सात प्रकार के परम सत्य से ज्ञान प्राप्त करने का अंगों के नष्ट होने का सत्य स्वभाव को बोध करते हुए धर्म पर विपस्सना करता है। ये सात प्रकार के परम सत्य से ज्ञान प्राप्त करने का अंगों के उत्पन्न और नष्ट होने का सत्य स्वभाव को बोध करते हुए धर्म पर विपस्सना करता है।

सात प्रकार के परम सत्य से ज्ञान प्राप्त करने का अंग है, ऐसे उसका सति-स्मृति स्थापित होता है। वह उसके लिए बोध बढ़ाने के लिए, सति-स्मृति बढ़ाने के लिए उपकार होता है। अनासक्त होकर

वास करता है। दुनिया में किसी भी चीज के प्रति तृष्णा नहीं करता है।

हे भिक्षुओं ! ऐसे भी धर्म पर चलने वाला श्रद्धालु व्यक्ति परम सत्य से ज्ञान प्राप्त करने का अंग के बारे में सत्य स्वभाव को बोध करते हुए धर्म पर विपस्सना करता है।

चार सनातन सत्य

और दूसरा तरीका बताऊँगा। हे भिक्षुओं ! इस धर्म पर चलने वाला श्रद्धालु व्यक्ति चार प्रकार की परम सत्य के प्रति सत्य स्वभाव को बोध करते हुए धर्म पर विपस्सना करता है।

हे भिक्षुओं ! इस धर्म पर चलने वाला श्रद्धालु व्यक्ति चार प्रकार की परम सत्य के प्रति सत्य स्वभाव को बोध करते हुए धर्म पर विपस्सना कैसे करता है ?

हे भिक्षुओं ! इस धर्म पर चलने वाला श्रद्धालु व्यक्ति यह दुख परम सत्य है, ऐसा भलि प्रकार से जानता है। यह दुख उत्पन्न होने का कारण है, ऐसा भलि प्रकार से जानता है। यह दुख का अंत है, ऐसा भलि प्रकार से जानता है। यह दुख अंत करने का मार्ग है, ऐसा भलि प्रकार से जानता है।

(दुख परम सत्य)

हे भिक्षुओं ! क्या है वह दुख नाम का परम सत्य ?

हे भिक्षुओं ! जन्म लेना भी दुख है, बुढ़ा होना भी दुख है, बिमार पड़ना भी दुख है, मर जाना भी दुख है, शोक करना और रोना भी दुख है, कायिक पीड़ा और मानसिक पीड़ा भी दुख है, पश्चाताप भी दुख है। अप्रिय लोगों या अप्रिय वस्तुओं के साथ संगत होना भी दुख है। प्रिय लोगों या प्रिय वस्तुओं से अलग होना भी दुख है। पसंद चीजों

का न मिलना भी दुख है। संक्षेप में कहेंगे तो ये पाँच प्रकार की दृढ़ बंधन हीं दुख है।

हे भिक्षुओं ! क्या होता है जन्म ?

हे भिक्षुओं ! उन उन प्राणियों का उन उन सत्व लोक में जो उत्पन्न होना, जो बन जाना, माँ के गर्भ में प्रवेश होना, विशेष रूप से उत्पन्न होना, स्कन्धों* का प्रकट होना, आँख, कान आदि इन्द्रियों का मिलना। हे भिक्षुओं ! इसी को कहते हैं जन्म ।

हे भिक्षुओं ! क्या होता है बुढ़ापा ?

हे भिक्षुओं ! उन उन प्राणियों का उन उन सत्व लोक में बूढ़ा होना, जीर्ण होना, दाँतों का टूटना, बालों का सफेद होना, त्वचा में झुर्रियां पड़ना, आयु का ढ़ल जाना, आँख, कान आदि इन्द्रियों का दुर्बल होना। हे भिक्षुओं ! इसी को कहते हैं बुढ़ापा।

हे भिक्षुओं ! क्या होता है मृत्यु ?

हे भिक्षुओं ! उन उन प्राणियों का उन उन सत्व लोक में च्यूत होना, च्यूत होने का स्वभाव होना, नष्ट होना, अदृश्य होना, मृत्यु को प्राप्त होना, देहांत होना, स्कन्धों का नष्ट होना, शरीर को छोड़ जाना, जीवन-रूपी इन्द्रिय का अंत होना। हे भिक्षुओं ! इसे कहते हैं मृत्यु।

हे भिक्षुओं ! क्या होता है शोक ?

हे भिक्षुओं ! अनेक परेशानियों के बीच में जो कोई व्यथा हो, पीड़ा भोगने वाले को अनेक प्रकार के संकटों में असहनीय दुख से हृदय का शोक-दुख से भर जाना, शोक-दुख से जल जाना, शोकाकुल

---

* स्कन्ध :- रूप, संवेदना, सञ्ञा, चिंतन, विञ्ञान का मिलना।

हो जाना, मन शोक से जल जाना, चारों तरफ से शोक से मन जल जाना। हे भिक्षुओं ! इसी को कहते हैं शोक।

हे भिक्षुओं ! क्या होता है विलाप करना ?

हे भिक्षुओं ! अनेक परेशानियों के बीच में जो कोई व्यथा हो, पीड़ा भोगने वाले को अनेक प्रकार के संकटों में असहनीय दुख से रोना, नाम-गोत्र बोल-बोलकर रोना, नाम-गोत्र बोलकर रोने वाले स्वभाव से युक्त होना, इस प्रकार से रोना-पीटना, इस प्रकार से नाम-गोत्र बोल-बोलकर रोना-पीटना। हे भिक्षुओं ! इसे कहते हैं विलाप करना।

हे भिक्षुओं ! क्या होता है कायिक दुख ?

हे भिक्षुओं ! शरीर में जो असहनीय दुख उत्पन्न होता है, शरीर में जो कटु दुख संवेदना उत्पन्न होती है, शरीर के स्पर्श से जो असहनीय कटु दुख संवेदना उत्पन्न होती है, भोगने वाला स्वभाव से युक्त होता है। हे भिक्षुओं ! इसी को कहते हैं कायिक दुख।

हे भिक्षुओं ! क्या होता है मानसिक दुख ?

हे भिक्षुओं ! मन में जो असहनीय दुख उत्पन्न होता है, मन में जो कटु दुख संवेदना उत्पन्न होती है, मन के स्पर्श से जो असहनीय कटु दुख संवेदना उत्पन्न होती है, भोगने वाला स्वभाव से युक्त होता है। हे भिक्षुओं ! इसी को कहते हैं मानसिक दुख।

हे भिक्षुओं ! क्या होता है पश्चाताप ?

हे भिक्षुओं ! अनेक परेशानियों के बीच में जो कोई व्यथा हो, पीड़ा भोगने वाले को अनेक प्रकार के संकटों में असहाय दुख सहित कष्ट भोगने वाले को घोर संकट आने पर उस दुख के बारे में सोच-सोचकर पश्चाताप करना, उस प्रकार थकान महसूस करना, उसके बारे में

सोच-सोचकर पछताने वाले स्वभाव से युक्त होना। हे भिक्षुओं ! इसी को कहते हैं पश्चाताप।

हे भिक्षुओं ! क्या होता है अप्रिय लोगों या अप्रिय वस्तुओं की संगती होना ?

हे भिक्षुओं ! उसको जो कोई नापसंद और अप्रिय रूप, शब्द, गंध, रस, स्पर्श और विचार के साथ संगत होना। इस प्रकार से जो कोई उसको कष्ट में डालने वाला, उसका अनर्थ और अमंगल चाहने वाला, उसका दुख-पीड़ा चाहने वाला जो कोई व्यक्ति हो ; उन व्यक्ति के साथ मिलना, संगती होना, एक साथ रहना, एक साथ जीवन बिताना। हे भिक्षुओं ! इसी को कहते हैं अप्रिय लोगों या अप्रिय वस्तुओं की संगती होना।

हे भिक्षुओं ! क्या होता है प्रिय लोगों या प्रिय वस्तुओं से अलग होना ?

हे भिक्षुओं ! उसको जो कोई सुन्दर और प्रिय रूप, शब्द, गंध, रस, स्पर्श और विचार से दूर होना। इस प्रकार से उसका हित-सुख चाहने वाला, उसका कल्याण-मंगल चाहने वाला माँ या पिता हो, भाई या बहने हो, अपने से बड़े हो या छोटे हो, मित्र हो या साथी हो या रक्त सम्बन्धी रिश्तेदार हो। इन लोगों से बिदा होना, अलग होना, अलग होकर रहना, एक साथ जीवन नहीं बिताना। हे भिक्षुओं ! इसी को कहते हैं प्रिय लोगों या प्रिय वस्तुओं से अलग होना।

हे भिक्षुओं ! क्या होता है पसंद वस्तु का नहीं मिलना भी दुख ?

हे भिक्षुओं ! जन्म लेने के स्वभाव वाले प्राणियों को ऐसी ईच्छा उत्पन्न होती है; अहो ! सचमुच में हमलोग जन्म लेने वाले स्वभाव से युक्त नहीं होते तो, सचमुच में जन्म का दुख हमारे पास नहीं आता

तो कितना अच्छा है। किन्तु केवल ईच्छा होने से ये मिलने वाला नहीं है। इसी को कहते हैं पसंद वस्तु का नहीं मिलने से उत्पन्न होने वाला दुख।

हे भिक्षुओं ! बुढ़ा होने वाले स्वभाव से युक्त प्राणियों को ऐसी ईच्छा उत्पन्न होती है; अहो ! सचमुच में हमलोग बुढ़ा होने वाले स्वभाव से युक्त नहीं होते तो, सचमुच में बुढ़ापा का दुख हमारे पास नहीं आता तो कितना अच्छा है। किन्तु केवल ईच्छा होने से ये मिलने वाला नहीं है। इसी को कहते हैं पसंद वस्तु का नहीं मिलने से उत्पन्न होने वाला दुख।

हे भिक्षुओं ! बीमार होने वाले स्वभाव से युक्त प्राणियों को ऐसी ईच्छा उत्पन्न होती है; अहो ! सचमुच में हमलोग बीमार होने वाले स्वभाव से युक्त नहीं होते तो, सचमुच में बिमार का दुख हमारे पास नहीं आता तो कितना अच्छा है। किन्तु केवल ईच्छा होने से ये मिलने वाला नहीं है। इसी को कहते हैं पसंद वस्तु का नहीं मिलने से उत्पन्न होने वाला दुख।

हे भिक्षुओं ! मृत्यु स्वभाव वाले प्राणियों को ऐसी ईच्छा उत्पन्न होती है; अहो ! सचमुच में हमलोग मृत्यु स्वभाव से युक्त नहीं होते तो, सचमुच में मृत्यु का दुख हमारे पास नहीं आता तो कितना अच्छा है। किन्तु केवल ईच्छा होने से ये मिलने वाला नहीं है। इसी को कहते हैं पसंद वस्तु का नहीं मिलने से उत्पन्न होने वाला दुख।

हे भिक्षुओं ! शोक स्वभाव वाले प्राणियों को ऐसी ईच्छा उत्पन्न होती है; अहो ! सचमुच में हमलोग शोक स्वभाव से युक्त नहीं होते तो, सचमुच में शोक का दुख हमारे पास नहीं आता तो कितना अच्छा है। किन्तु केवल ईच्छा होने से ये मिलने वाला नहीं है। इसी को कहते हैं पसंद वस्तु का नहीं मिलने से उत्पन्न होने वाला दुख।

हे भिक्षुओं ! रूदन स्वभाव वाले प्राणियों को ऐसी ईच्छा उत्पन्न होती है; अहो ! सचमुच में हमलोग रूदन स्वभाव से युक्त नहीं होते तो, सचमुच में रूदन का दुख हमारे पास नहीं आता तो कितना अच्छा है। किन्तु केवल ईच्छा होने से ये मिलने वाला नहीं है। इसी को कहते हैं पसंद वस्तु का नहीं मिलने से उत्पन्न होने वाला दुख।

हे भिक्षुओं ! कायिक दुख स्वभाव वाले प्राणियों को ऐसी ईच्छा उत्पन्न होती है; अहो ! सचमुच में हमलोग कायिक दुख स्वभाव से युक्त नहीं होते तो, सचमुच में कायिक दुख का कष्ट हमारे पास नहीं आता तो कितना अच्छा है। किन्तु केवल ईच्छा होने से ये मिलने वाला नहीं है। इसी को कहते हैं पसंद वस्तु का नहीं मिलने से उत्पन्न होने वाला दुख।

हे भिक्षुओं ! मानसिक दुख स्वभाव वाले प्राणियों को ऐसी ईच्छा उत्पन्न होती है; अहो ! सचमुच में हमलोग मानसिक दुख स्वभाव से युक्त नहीं होते तो, सचमुच में मानसिक दुख का कष्ट हमारे पास नहीं आता तो कितना अच्छा है। किन्तु केवल ईच्छा होने से ये मिलने वाला नहीं है। इसी को कहते हैं पसंद वस्तु का नहीं मिलने से उत्पन्न होने वाला दुख।

हे भिक्षुओं ! पश्चाताप स्वभाव वाले प्राणियों को ऐसी ईच्छा उत्पन्न होती है; अहो ! सचमुच में हमलोग पश्चाताप दुख स्वभाव से युक्त नहीं होते तो, सचमुच में पश्चाताप का दुख हमारे पास नहीं आता तो कितना अच्छा है। किन्तु केवल ईच्छा होने से ये मिलने वाला नहीं है। इसी को कहते हैं पसंद वस्तु का नहीं मिलने से उत्पन्न होने वाला दुख।

हे भिक्षुओं ! क्या होता है संक्षेप में पाँच प्रकार की दृढ़ बंधन भी दुख ?

जैसे कि; महाभूत नाम का रूप स्कन्ध पर दृढ़ बंधन भी दुख है, सुख दुख अदुख-असुख संवेदनाओं पर दृढ़ बंधन भी दुख है, पहचान पर दृढ़ बंधन भी दुख है, चिंतन पर दृढ़ बंधन भी दुख है, जान जाना या विज्ञात होना पर दृढ़ बंधन भी दुख है। हे भिक्षुओं ! इसी को कहते हैं संक्षेप में पाँच प्रकार की दृढ़ बंधन भी दुख। हे भिक्षुओं ! इसी को दुख नाम का परम सत्य कहते हैं।

(दुख उत्पन्न होने का परम सत्य)

हे भिक्षुओं ! दुख उत्पन्न होने का परम सत्य क्या है ?

जो पुनर्जन्म को ले जाने वाली, उन उन वस्तुओं में अभिनन्दन करने वाली, उस उस जगह को खुशी से स्वीकार करने वाली जो तृष्णा है। जैसे कि; पंच इन्द्रियों से भोग-विलास करने की आशा, हमेशा अस्तित्व होने की आशा, बिना जन्म के अस्तित्व होने की आशा।

हे भिक्षुओं ! ये तीन प्रकार की तृष्णा जागती है तो कहाँ जागती है ? निवास करती है तो कहाँ निवास करती है ?

इस दुनिया में जो प्रिय लगता है, अच्छा लगता है। ये तृष्णा उत्पन्न होती है तो वहीं उत्पन्न होती है। ये तृष्णा निवास करती है तो वहीं निवास करती है।

छः इन्द्रियों में तृष्णा का उत्पन्न होना

इस दुनिया में क्या प्रिय लगता है ? क्या अच्छा लगता है ?

दुनिया में आँख प्रिय लगती है, अच्छी लगती है। ये तृष्णा उत्पन्न होती है तो आँख के प्रति हीं उत्पन्न होती है। ये तृष्णा निवास करती है तो आँख में हीं निवास करती है।

दुनिया में कान प्रिय लगता है, अच्छा लगता है। ये तृष्णा उत्पन्न होती है तो कान के प्रति हीं उत्पन्न होती है। ये तृष्णा निवास करती है तो कान में हीं निवास करती है।

दुनिया में नाक प्रिय लगती है, अच्छी लगती है। ये तृष्णा उत्पन्न होती है तो नाक के प्रति हीं उत्पन्न होती है। ये तृष्णा निवास करती है तो नाक में हीं निवास करती है।

दुनिया में जीभ प्रिय लगती है, अच्छी लगती है। ये तृष्णा उत्पन्न होती है तो जीभ के प्रति हीं उत्पन्न होती है। ये तृष्णा निवास करती है तो जीभ में हीं निवास करती है।

दुनिया में शरीर प्रिय लगता है, अच्छा लगता है। ये तृष्णा उत्पन्न होती है तो शरीर के प्रति हीं उत्पन्न होती है। ये तृष्णा निवास करती है तो शरीर में हीं निवास करती है।

दुनिया में मन प्रिय लगता है, अच्छा लगता है। ये तृष्णा उत्पन्न होती है तो मन के प्रति हीं उत्पन्न होती है। ये तृष्णा निवास करती है तो मन में हीं निवास करती है।

छः इन्द्रियों से दिखने वाले रूप, शब्द...आदि

दुनिया में आँख से दिखने वाली रूप प्रिय लगती है, अच्छी लगती है। ये तृष्णा उत्पन्न होती है तो आँख से दिखने वाली रूप के प्रति हीं उत्पन्न होती है। ये तृष्णा निवास करती है तो आँख से दिखने वाली रूप में हीं निवास करती है।

दुनिया में कान से सुनाई देने वाला आवाज प्रिय लगता है, अच्छा लगता है। ये तृष्णा उत्पन्न होती है तो कान से सुनाई देने वाले आवाज के प्रति हीं उत्पन्न होती है। ये तृष्णा निवास करती है तो कान से

सुनाई देने वाले आवाज में हीं निवास करती है।

दुनिया में नाक से लेने वाली गंध-सुगंध प्रिय लगती है, अच्छी लगती है। ये तृष्णा उत्पन्न होती है तो नाक से लेने वाली गंध के प्रति हीं उत्पन्न होती है। ये तृष्णा निवास करती है तो नाक से लेने वाली गंध में हीं निवास करती है।

दुनिया में जीभ से चखनेवाली स्वाद प्रिय लगता है, अच्छा लगता है। ये तृष्णा उत्पन्न होती है तो जीभ से चखनेवाली स्वाद के प्रति हीं उत्पन्न होती है। ये तृष्णा निवास करती है तो जीभ से चखनेवाली स्वाद में हीं निवास करती है।

दुनिया में शरीर को मिलने वाला स्पर्श प्रिय लगता है, अच्छा लगता है। ये तृष्णा उत्पन्न होती है तो शरीर को मिलने वाला स्पर्श के प्रति हीं उत्पन्न होती है। ये तृष्णा निवास करती है तो शरीर को मिलने वाले स्पर्श में हीं निवास करती है।

दुनिया में मन से सोचने वाला विचार प्रिय लगता है, अच्छा लगता है। ये तृष्णा उत्पन्न होती है तो मन से सोचने वाला विचार के प्रति हीं उत्पन्न होती है। ये तृष्णा निवास करती है तो मन से सोचने वाले विचार में हीं निवास करती है।

रूप, शब्द... आदि जान जाना या विज्ञात होना

दुनिया में आँख में जो रूप को जान लेने की शक्ति है, दुनिया में वह प्रिय लगती है, अच्छी लगती है। ये तृष्णा उत्पन्न होती है तो आँख में जो रूप को जान लेने की शक्ति है, उसी के प्रति हीं उत्पन्न होती है। ये तृष्णा निवास करती है तो आँख में जो रूप को जान लेने की शक्ति है, उसी में हीं निवास करती है।

दुनिया में कान में जो आवाज को जान लेने की शक्ति है, दुनिया में वह प्रिय लगता है, अच्छा लगता है। ये तृष्णा उत्पन्न होती है तो कान में जो आवाज को जान लेने की शक्ति है, उसी के प्रति हीं उत्पन्न होती है। ये तृष्णा निवास करती है तो कान में जो आवाज को जान लेने की शक्ति है, उसी में हीं निवास करती है।

दुनिया में नाक में जो गंध-सुगंध को जान लेने की शक्ति है, दुनिया में वह प्रिय लगती है, अच्छा लगती है। ये तृष्णा उत्पन्न होती है तो नाक में जो गंध-सुगंध को जान लेने की शक्ति है, उसी के प्रति हीं उत्पन्न होती है। ये तृष्णा निवास करती है तो नाक में जो गंध-सुगंध को जान लेने की शक्ति है, उसी में हीं निवास करती है।

दुनिया में जीभ में जो स्वाद को जान लेने की शक्ति है, दुनिया में वह प्रिय लगती है, अच्छा लगती है। ये तृष्णा उत्पन्न होती है तो जीभ में जो स्वाद को जान लेने की शक्ति है, उसी के प्रति हीं उत्पन्न होती है। ये तृष्णा निवास करती है तो जीभ में जो स्वाद को जान लेने की शक्ति है, उसी में हीं निवास करती है।

दुनिया में शरीर में जो स्पर्श को जान लेने की शक्ति है, दुनिया में वह प्रिय लगता है, अच्छा लगता है। ये तृष्णा उत्पन्न होती है तो शरीर में जो स्पर्श को जान लेने की शक्ति है, उसी के प्रति हीं उत्पन्न होती है। ये तृष्णा निवास करती है तो शरीर में जो स्पर्श को जान लेने की शक्ति है, उसी में हीं निवास करती है।

दुनिया में मन में जो विचार को जान लेने की शक्ति है, दुनिया में वह प्रिय लगता है, अच्छा लगता है। ये तृष्णा उत्पन्न होती है तो मन में जो विचार को जान लेने की शक्ति है, उसी के प्रति हीं उत्पन्न होती है। ये तृष्णा निवास करती है तो मन में जो विचार को जान लेने की शक्ति है, उसी में हीं निवास करती है।

छः इन्द्रियों का स्पर्श

दुनिया में आँख, रूप और जान जाने की शक्ति है। ये तीनों के मिलने से होने वाले आँखों का स्पर्श प्रिय लगती है, अच्छी लगती है। ये तृष्णा उत्पन्न होती है तो आँखों के स्पर्श के प्रति हीं उत्पन्न होती है। ये तृष्णा निवास करती है तो आँखों के स्पर्श में हीं निवास करती है।

दुनिया में कान, आवाज और जान जाने की शक्ति है। ये तीनों के मिलने से होने वाले कानों का स्पर्श प्रिय लगता है, अच्छा लगता है। ये तृष्णा उत्पन्न होती है तो कानों के स्पर्श के प्रति हीं उत्पन्न होती है। ये तृष्णा निवास करती है तो कानों के स्पर्श में हीं निवास करती है।

दुनिया में नाक, गंध और जान जाने की शक्ति है। ये तीनों के मिलने से होने वाले नाक का स्पर्श प्रिय लगती है, अच्छी लगती है। ये तृष्णा उत्पन्न होती है तो नाक का स्पर्श के प्रति हीं उत्पन्न होती है। ये तृष्णा निवास करती है तो नाक का स्पर्श में हीं निवास करती है।

दुनिया में जीभ, स्वाद और जान जाने की शक्ति है। ये तीनों के मिलने से होने वाली जीभ का स्पर्श प्रिय लगती है, अच्छी लगती है। ये तृष्णा उत्पन्न होती है तो जीभ के स्पर्श के प्रति हीं उत्पन्न होती है। ये तृष्णा निवास करती है तो जीभ के स्पर्श में हीं निवास करती है।

दुनिया में शरीर, स्पर्श और जान जाने की शक्ति है। ये तीनों के मिलने से होने वाले शरीर का स्पर्श प्रिय लगता है, अच्छा लगता है। ये तृष्णा उत्पन्न होती है तो शरीर के स्पर्श के प्रति हीं उत्पन्न होती है। ये तृष्णा निवास करती है तो शरीर के स्पर्श में हीं निवास करती है।

दुनिया में मन, विचार और जान जाने की शक्ति है। ये तीनों के मिलने से होने वाले मन का स्पर्श प्रिय लगता है, अच्छा लगता है। ये

तृष्णा उत्पन्न होती है तो मन के स्पर्श के प्रति हीं उत्पन्न होती है। ये तृष्णा निवास करती है तो मन के स्पर्श में हीं निवास करती है।

छः इन्द्रियों से उत्पन्न होने वाली संवेदना

दुनिया में आँख, रूप और जान जाने की शक्ति से होने वाली आँखों की स्पर्श से उत्पन्न हुई संवेदना प्रिय लगती है, अच्छी लगती है। ये तृष्णा उत्पन्न होती है तो आँखों के स्पर्श से उत्पन्न होने वाली संवेदना के प्रति हीं उत्पन्न होती है। ये तृष्णा निवास करती है तो आँखों के स्पर्श से उत्पन्न होने वाली संवेदना में हीं निवास करती है।

दुनिया में कान, आवाज और जान जाने की शक्ति से होने वाली कानों के स्पर्श से उत्पन्न हुई संवेदना प्रिय लगती है, अच्छी लगती है। ये तृष्णा उत्पन्न होती है तो कान के स्पर्श से उत्पन्न होने वाली संवेदना के प्रति हीं उत्पन्न होती है। ये तृष्णा निवास करती है तो कान के स्पर्श से उत्पन्न होनी वाली संवेदना में हीं निवास करती है।

दुनिया में नाक, गंध और जान जाने की शक्ति से होने वाली नाक की स्पर्श से उत्पन्न हुई संवेदना प्रिय लगती है, अच्छी लगती है। ये तृष्णा उत्पन्न होती है तो नाक की स्पर्श से उत्पन्न होने वाली संवेदना के प्रति हीं उत्पन्न होती है। ये तृष्णा निवास करती है तो नाक की स्पर्श से उत्पन्न होने वाली संवेदना में हीं निवास करती है।

दुनिया में जीभ, स्वाद और जान जाने की शक्ति से होने वाली जीभ की स्पर्श से उत्पन्न हुई संवेदना प्रिय लगती है, अच्छी लगती है। ये तृष्णा उत्पन्न होती है तो जीभ की स्पर्श से उत्पन्न होने वाली संवेदना के प्रति हीं उत्पन्न होती है। ये तृष्णा निवास करती है तो जीभ की स्पर्श से उत्पन्न होने वाली संवेदना में हीं निवास करती है।

दुनिया में शरीर, स्पर्श और जान जाने की शक्ति से होने वाले

शरीर के स्पर्श से उत्पन्न हुई संवेदना प्रिय लगती है, अच्छी लगती है। ये तृष्णा उत्पन्न होती है तो शरीर के स्पर्श से उत्पन्न होने वाली संवेदना के प्रति हीं उत्पन्न होती है। ये तृष्णा निवास करती है तो शरीर के स्पर्श से उत्पन्न होने वाली संवेदना में हीं निवास करती है।

दुनिया में मन, विचार और जान जाने की शक्ति से होने वाली मन के स्पर्श से उत्पन्न हुई संवेदना प्रिय लगती है, अच्छी लगती है। ये तृष्णा उत्पन्न होती है तो मन के स्पर्श से उत्पन्न होने वाली संवेदना के प्रति हीं उत्पन्न होती है। ये तृष्णा निवास करती है तो मन के स्पर्श से उत्पन्न होने वाली संवेदना में हीं निवास करती है।

रूप, शब्द, गंध... आदि को पहचान लेना

दुनिया में रूप को पहचान लेना प्रिय लगता है, अच्छा लगता है। ये तृष्णा उत्पन्न होती है तो रूप को पहचान लेने के प्रति हीं उत्पन्न होती है। ये तृष्णा निवास करती है तो रूप को पहचानने में हीं निवास करती है।

दुनिया में आवाज को पहचान लेना प्रिय लगता है, अच्छा लगता है। ये तृष्णा उत्पन्न होती है तो आवाज को पहचान लेने के प्रति हीं उत्पन्न होती है। ये तृष्णा निवास करती है तो आवाज को पहचानने में हीं निवास करती है।

दुनिया में गंध को पहचान लेना प्रिय लगता है, अच्छा लगता है। ये तृष्णा उत्पन्न होती है तो गंध को पहचान लेने के प्रति हीं उत्पन्न होती है। ये तृष्णा निवास करती है तो गंध को पहचानने में हीं निवास करती है।

दुनिया में स्वाद को पहचान लेना प्रिय लगता है, अच्छा लगता है। ये तृष्णा उत्पन्न होती है तो स्वाद को पहचान लेने के प्रति हीं

उत्पन्न होती है। ये तृष्णा निवास करती है तो स्वाद को पहचानने में हीं निवास करती है।

दुनिया में स्पर्श को पहचान लेना प्रिय लगता है, अच्छा लगता है। ये तृष्णा उत्पन्न होती है तो स्पर्श को पहचान लेने के प्रति हीं उत्पन्न होती है। ये तृष्णा निवास करती है तो स्पर्श को पहचानने में हीं निवास करती है।

दुनिया में विचार को पहचान लेना प्रिय लगता है, अच्छा लगता है। ये तृष्णा उत्पन्न होती है तो विचार को पहचान लेने के प्रति हीं उत्पन्न होती है। ये तृष्णा निवास करती है तो विचार को पहचानने में हीं निवास करती है।

रूप, शब्द, गंध... आदि के प्रति चिंतन करना

दुनिया में आँख से रूप को पहचान कर, रूप के प्रति चिंतन करना प्रिय लगता है, अच्छा लगता है। ये तृष्णा उत्पन्न होती है तो रूप के उपर चिंतन करने में हीं उत्पन्न होती है। ये तृष्णा निवास करती है तो रूप के उपर चिंतन करने मे हीं निवास करती है।

दुनिया में कान से आवाज को पहचान कर, आवाज के प्रति चिंतन करना प्रिय लगता है, अच्छा लगता है। ये तृष्णा उत्पन्न होती है तो आवाज के उपर चिंतन करने में हीं उत्पन्न होती है। ये तृष्णा निवास करती है तो आवाज के उपर चिंतन करने मे हीं निवास करती है।

दुनिया में नाक से गंध को पहचान कर, गंध के प्रति चिंतन करना प्रिय लगता है, अच्छा लगता है। ये तृष्णा उत्पन्न होती है तो गंध के उपर चिंतन करने में हीं उत्पन्न होती है। ये तृष्णा निवास करती है तो गंध के उपर चिंतन करने मे हीं निवास करती है।

दुनिया में जीभ से स्वाद को पहचान कर, स्वाद के प्रति चिंतन

करना प्रिय लगता है, अच्छा लगता है। ये तृष्णा उत्पन्न होती है तो स्वाद के उपर चिंतन करने में हीं उत्पन्न होती है। ये तृष्णा निवास करती है तो स्वाद के उपर चिंतन करने मे हीं निवास करती है।

दुनिया में शरीर से स्पर्श को पहचान कर, स्पर्श के प्रति चिंतन करना प्रिय लगता है, अच्छा लगता है। ये तृष्णा उत्पन्न होती है तो स्पर्श के उपर चिंतन करने में हीं उत्पन्न होती है। ये तृष्णा निवास करती है तो स्पर्श के उपर चिंतन करने मे हीं निवास करती है।

दुनिया में मन से विचार को पहचान कर, विचार के प्रति चिंतन करना प्रिय लगता है, अच्छा लगता है। ये तृष्णा उत्पन्न होती है तो विचार के उपर चिंतन करने में हीं उत्पन्न होती है। ये तृष्णा निवास करती है तो विचार के उपर चिंतन करने मे हीं निवास करती है।

रूप, शब्द... आदि के प्रति तृष्णा उत्पन्न होना

दुनिया में आँख से पहचाने हुए रूप के प्रति उत्पन्न हुई तृष्णा प्रिय लगती है, अच्छी लगती है। ये तृष्णा उत्पन्न होती है तो रूप तृष्णा के प्रति हीं उत्पन्न होती है। ये तृष्णा निवास करती है तो रूप तृष्णा मे हीं निवास करती है।

दुनिया में कान से पहचाने हुए आवाज के प्रति उत्पन्न हुई तृष्णा प्रिय लगती है, अच्छी लगती है। ये तृष्णा उत्पन्न होती है तो आवाज तृष्णा के प्रति हीं उत्पन्न होते है। ये तृष्णा निवास करती है तो आवाज तृष्णा मे हीं निवास करती है।

दुनिया में नाक से पहचाने हुए गंध के प्रति उत्पन्न हुई तृष्णा प्रिय लगती है, अच्छी लगती है। ये तृष्णा उत्पन्न होती है तो गंध तृष्णा के प्रति हीं उत्पन्न होते है। ये तृष्णा निवास करती है तो गंध तृष्णा मे हीं निवास करती है।

दुनिया में जीभ से पहचाने हुए स्वाद के प्रति उत्पन्न हुई तृष्णा प्रिय लगती है, अच्छी लगती है। ये तृष्णा उत्पन्न होती है तो स्वाद तृष्णा के प्रति हीं उत्पन्न होते है। ये तृष्णा निवास करती है तो स्वाद तृष्णा मे हीं निवास करती है।

दुनिया में शरीर से पहचाने हुए स्पर्श के प्रति उत्पन्न हुई तृष्णा प्रिय लगती है, अच्छी लगती है। ये तृष्णा उत्पन्न होती है तो स्पर्श तृष्णा के प्रति हीं उत्पन्न होते है। ये तृष्णा निवास करती है तो स्पर्श तृष्णा मे हीं निवास करती है।

दुनिया में मन से पहचाने हुए विचार के प्रति उत्पन्न हुई तृष्णा प्रिय लगती है, अच्छी लगती है। ये तृष्णा उत्पन्न होती है तो विचार तृष्णा के प्रति हीं उत्पन्न होते है। ये तृष्णा निवास करती है तो विचार तृष्णा मे हीं निवास करती है।

रूप, शब्द... आदि के प्रति विचार करना

दुनिया में आँख से रूप को पहचान कर, रूप के बारे में विचार करना प्रिय लगता है, अच्छा लगता है। ये तृष्णा उत्पन्न होती है तो 'रूप विचार' के प्रति हीं उत्पन्न होती है। ये तृष्णा निवास करती है तो 'रूप विचार' मे हीं निवास करती है।

दुनिया में कान से आवाज को पहचान कर, आवाज के बारे में विचार करना प्रिय लगता है, अच्छा लगता है। ये तृष्णा उत्पन्न होती है तो 'अवाज विचार' के प्रति हीं उत्पन्न होती है। ये तृष्णा निवास करती है तो 'अवाज विचार' मे हीं निवास करती है।

दुनिया में नाक से गंध को पहचान कर, गंध के बारे में विचार करना प्रिय लगता है, अच्छा लगता है। ये तृष्णा उत्पन्न होती है तो 'गंध विचार' के प्रति हीं उत्पन्न होती है। ये तृष्णा निवास करती है तो 'गंध विचार' मे हीं निवास करती है।

दुनिया में जीभ से स्वाद को पहचान कर, स्वाद के बारे में विचार करना प्रिय लगता है, अच्छा लगता है। ये तृष्णा उत्पन्न होती है तो 'स्वाद विचार' के प्रति हीं उत्पन्न होती है। ये तृष्णा निवास करती है तो 'स्वाद विचार' में हीं निवास करती है।

दुनिया में शरीर से स्पर्श को पहचान कर, स्पर्श के बारे में विचार करना प्रिय लगता है, अच्छा लगता है। ये तृष्णा उत्पन्न होती है तो 'स्पर्श विचार' के प्रति हीं उत्पन्न होती है। ये तृष्णा निवास करती है तो 'स्पर्श विचार' मे हीं निवास करती है।

दुनिया में मन से विचार को पहचान कर, विचार के बारे में चिंतन करना प्रिय लगता है, अच्छा लगता है। ये तृष्णा उत्पन्न होती है तो विचार के बारे में चिंतन करने के प्रति हीं उत्पन्न होती है। ये तृष्णा निवास करती है तो विचार के बारे में चिंतन करने मे हीं निवास करती है।

रूप, शब्द... आदि के प्रति बार–बार विचार करना

दुनिया में आँख से रूप को पहचानकर, रूप के बारे में बार बार विचार करना प्रिय लगता है, अच्छा लगता है। ये तृष्णा उत्पन्न होती है तो रूप के बारे में बार बार विचार करने के प्रति हीं उत्पन्न होती है। ये तृष्णा निवास करती है तो रूप के बारे में बार बार विचार करने में हीं निवास करती है।

दुनिया में कान से आवाज को पहचानकर, आवाज के बारे में बार बार विचार करना प्रिय लगता है, अच्छा लगता है। ये तृष्णा उत्पन्न होती है तो रूप के बारे में बार बार विचार करने के प्रति हीं उत्पन्न होती है। ये तृष्णा निवास करती है तो आवाज के बारे में बार बार विचार करने में हीं निवास करती है।

दुनिया में नाक से गंध को पहचानकर, गंध के बारे में बार बार विचार करना प्रिय लगता है, अच्छा लगता है। ये तृष्णा उत्पन्न होती है तो गंध के बारे में बार बार विचार करने के प्रति हीं उत्पन्न होती है। ये तृष्णा निवास करती है तो गंध के बारे में बार बार विचार करने में हीं निवास करती है।

दुनिया में जीभ से स्वाद को पहचानकर, स्वाद के बारे में बार बार विचार करना प्रिय लगता है, अच्छा लगता है। ये तृष्णा उत्पन्न होती है तो स्वाद के बारे में बार बार विचार करने के प्रति हीं उत्पन्न होती है। ये तृष्णा निवास करती है तो स्वाद के बारे में बार बार विचार करने में हीं निवास करती है।

दुनिया में शरीर से स्पर्श को पहचानकर, स्पर्श के बारे में बार बार विचार करना प्रिय लगता है, अच्छा लगता है। ये तृष्णा उत्पन्न होती है तो स्पर्श के बारे में बार बार विचार करने के प्रति हीं उत्पन्न होती है। ये तृष्णा निवास करती है तो स्पर्श के बारे में बार बार विचार करने में हीं निवास करती है।

दुनिया में मन से विचार को पहचानकर, विचार के बारे में बार बार चिंतन करना प्रिय लगता है, अच्छा लगता है। ये तृष्णा उत्पन्न होती है तो विचार के बारे में बार बार चिंतन करने के प्रति हीं उत्पन्न होती है। ये तृष्णा निवास करती है तो विचार के बारे में बार बार चिंतन करने में हीं निवास करती है।

(दुख का अंत नाम का परम सत्य)

हे भिक्षुओं ! दुख का अंत नाम का परम सत्य क्या है ?

वे तीनों प्रकार की आशा (तृष्णा) बिना शेष के, पूर्ण रूप से अनासक्त होना, नष्ट होना, त्याग देना, दूर से दूर होना, मुक्त होना, निर्लिप्त होना।

हे भिक्षुओं ! ये तीन प्रकार की तृष्णा नष्ट होती है तो कहाँ नष्ट होती है ? भस्म होती है तो कहाँ भस्म होती है ?

इस दुनिया में जो प्रिय लगता है, अच्छा लगता है। ये तृष्णा नष्ट होती है तो वहीं नष्ट होती है। ये तृष्णा भस्म होती है तो वहीं भस्म होती है

छः इन्द्रियों से तृष्णा का नष्ट होना

इस दुनिया में क्या प्रिय लगता है ? क्या अच्छा लगता है ?

दुनिया में आँख प्रिय लगती है, अच्छी लगती है। ये तृष्णा नष्ट होती है तो आँख के प्रति से हीं नष्ट होती है। ये तृष्णा भस्म होती है तो आँख से हीं भस्म होती है।

दुनिया में कान प्रिय लगता है, अच्छा लगता है। ये तृष्णा नष्ट होती है तो कान के प्रति से हीं नष्ट होती है। ये तृष्णा भस्म होती है तो कान से हीं भस्म करती है।

दुनिया में नाक प्रिय लगती है, अच्छी लगती है। ये तृष्णा नष्ट होती है तो नाक के प्रति से हीं नष्ट होती है। ये तृष्णा भस्म होती है तो नाक से हीं भस्म होती है।

दुनिया में जीभ प्रिय लगती है, अच्छी लगती है। ये तृष्णा नष्ट होती है तो जीभ के प्रति से हीं नष्ट होती है। ये तृष्णा भस्म होती है तो जीभ से हीं भस्म होती है।

दुनिया में शरीर प्रिय लगता है, अच्छा लगता है। ये तृष्णा नष्ट होती है तो शरीर के प्रति से हीं नष्ट होती है। ये तृष्णा भस्म होती है तो शरीर से हीं भस्म होती है।

दुनिया में मन प्रिय लगता है, अच्छा लगता है। ये तृष्णा नष्ट

होती है तो मन के प्रति से हीं नष्ट होती है। ये तृष्णा भस्म होती है तो मन से हीं भस्म होती है।

छः इन्द्रियों से दिखने वाले रूप, शब्द...आदि के प्रति से तृष्णा का नष्ट होना

दुनिया में आँख से दिखने वाली रूप प्रिय लगती है, अच्छी लगती है। ये तृष्णा नष्ट होती है तो आँख से दिखने वाली रूप के प्रति से हीं नष्ट होती है। ये तृष्णा भस्म होती है तो आँख से दिखने वाली रूप से हीं भस्म होती है।

दुनिया में कान से सुनाई देने वाला आवाज प्रिय लगता है, अच्छा लगता है। ये तृष्णा नष्ट होती है तो कान से सुनाई देने वाला आवाज के प्रति से हीं नष्ट होती है। ये तृष्णा भस्म होती है तो कान से सुनाई देने वाला आवाज से हीं भस्म होती है।

दुनिया में नाक से लेने वाली गंध-सुगंध प्रिय लगती है, अच्छी लगती है। ये तृष्णा नष्ट होती है तो नाक से लेने वाली गंध के प्रति से हीं नष्ट होती है। ये तृष्णा भस्म होती है तो नाक से लेने वाली गंध से हीं भस्म होती है।

दुनिया में जीभ से चखनेवाली स्वाद प्रिय लगती है, अच्छी लगती है। ये तृष्णा नष्ट होती है तो जीभ से चखनेवाली स्वाद के प्रति से हीं नष्ट होती है। ये तृष्णा भस्म होती है तो जीभ से चखनेवाली स्वाद से हीं भस्म होती है।

दुनिया में शरीर को मिलने वाला स्पर्श प्रिय लगता है, अच्छा लगता है। ये तृष्णा नष्ट होती है तो शरीर को मिलने वाला स्पर्श के प्रति से हीं नष्ट होती है। ये तृष्णा भस्म होती है तो शरीर को मिलने वाला स्पर्श से हीं भस्म होती है।

दुनिया में मन से सोचने वाला विचार प्रिय लगता है, अच्छा लगता है। ये तृष्णा नष्ट होती है तो मन से सोचने वाला विचार के प्रति से हीं नष्ट होती है। ये तृष्णा भस्म होती है तो मन से सोचने वाला विचार से हीं भस्म होती है।

रूप, शब्द... आदि जान जाना या विज्ञात होने के प्रति से तृष्णा का नष्ट होना

दुनिया में आँख में जो रूप को जान जाने की शक्ति है, दुनिया में वह प्रिय लगती है, अच्छी लगती है। ये तृष्णा नष्ट होती है तो आँख में जो रूप को जान जाने की शक्ति है, उसी के प्रति से हीं नष्ट होती है। ये तृष्णा भस्म होती है तो आँख में रूप को जान जाने की शक्ति से हीं भस्म होती है।

दुनिया में कान में जो आवाज को जान जाने की शक्ति है, दुनिया में वह प्रिय लगता है, अच्छा लगता है। ये तृष्णा नष्ट होती है तो कान में जो आवाज को जान जाने की शक्ति है, उसी के प्रति से हीं नष्ट होती है। ये तृष्णा भस्म होती है तो कान में आवाज को जान जाने की शक्ति से हीं भस्म होती है।

दुनिया में नाक में जो गंध-सुगंध को जान जाने की शक्ति है, दुनिया में वह प्रिय लगती है, अच्छी लगती है। ये तृष्णा नष्ट होती है तो नाक में जो गंध-सुगंध को जान जाने की शक्ति है, उसी के प्रति से हीं नष्ट होती है। ये तृष्णा भस्म होती है तो नाक में गंध-सुगंध को जान जाने की शक्ति से हीं भस्म होती है।

दुनिया में जीभ में जो स्वाद को जान जाने की शक्ति है, दुनिया में वह प्रिय लगती है, अच्छी लगती है। ये तृष्णा नष्ट होती है तो जीभ में जो स्वाद को जान जाने की शक्ति है, उसी के प्रति से हीं

नष्ट होती है। ये तृष्णा भस्म होती है तो जीभ में स्वाद को जान जाने की शक्ति से हीं भस्म होती है।

दुनिया में शरीर में जो स्पर्श को जान जाने की शक्ति है, दुनिया में वह प्रिय लगता है, अच्छा लगता है। ये तृष्णा नष्ट होती है तो शरीर में जो स्पर्श को जान जाने की शक्ति है, उसी के प्रति से हीं नष्ट होती है। ये तृष्णा भस्म होती है तो शरीर में स्पर्श को जान जाने की शक्ति से हीं भस्म होती है।

दुनिया में मन में जो विचार को जान जाने की शक्ति है, दुनिया में वह प्रिय लगता है, अच्छा लगता है। ये तृष्णा नष्ट होती है तो मन में जो विचार को जान जाने की शक्ति है, उसी के प्रति से हीं नष्ट होती है। ये तृष्णा भस्म होती है तो मन में विचार को जान जाने की शक्ति से हीं भस्म होती है।

छः इन्द्रियों का स्पर्श से के प्रति से तृष्णा का नष्ट होना

दुनिया में आँख, रूप और जान जाने की शक्ति; ये तीनों के मिलने से होने वाले आँखों का स्पर्श प्रिय लगता है, अच्छा लगता है। ये तृष्णा नष्ट होती है तो आँखों के स्पर्श के प्रति से हीं नष्ट होती है। ये तृष्णा भस्म होती है तो आँखों के स्पर्श से हीं भस्म होती है।

दुनिया में कान, आवाज और जान जाने की शक्ति; ये तीनों के मिलने से होने वाले कानों का स्पर्श प्रिय लगता है, अच्छा लगता है। ये तृष्णा नष्ट होती है तो कानों के स्पर्श के प्रति से हीं नष्ट होती है। ये तृष्णा भस्म होती है तो कानों के स्पर्श से हीं भस्म होती है।

दुनिया में नाक, गंध और जान जाने की शक्ति; ये तीनों के मिलने से होने वाले नाक का स्पर्श प्रिय लगता है, अच्छा लगता है। ये तृष्णा नष्ट होती है तो नाक का स्पर्श के प्रति से हीं नष्ट होती है। ये तृष्णा भस्म होती है तो नाक का स्पर्श से हीं भस्म होती है।

दुनिया में जीभ, स्वाद और जान जाने की शक्ति; ये तीनों के मिलने से होने वाले जीभ का स्पर्श प्रिय लगता है, अच्छा लगता है। ये तृष्णा नष्ट होती है तो जीभ के स्पर्श के प्रति से हीं नष्ट होती है। ये तृष्णा भस्म होती है तो जीभ के स्पर्श से हीं भस्म होती है।

दुनिया में शरीर, स्पर्श और जान जाने की शक्ति; ये तीनों के मिलने से होने वाले शरीर का स्पर्श प्रिय लगता है, अच्छा लगता है। ये तृष्णा नष्ट होती है तो शरीर के स्पर्श के प्रति से हीं नष्ट होती है। ये तृष्णा भस्म होती है तो शरीर के स्पर्श से हीं भस्म होती है।

दुनिया में मन, विचार और जान जाने की शक्ति; ये तीनों के मिलने से होने वाले मन का स्पर्श प्रिय लगता है, अच्छा लगता है। ये तृष्णा नष्ट होती है तो मन के स्पर्श के प्रति से हीं नष्ट होती है। ये तृष्णा भस्म होती है तो मन के स्पर्श से हीं भस्म होती है।

छः इन्द्रियों से उत्पन्न होने वाली संवेदना के प्रति से तृष्णा का नष्ट होना

दुनिया में आँख, रूप और जान जाने की शक्ति से होने वाली आँखों की स्पर्श से उत्पन्न हुई संवेदना प्रिय लगती है, अच्छी लगती है। ये तृष्णा नष्ट होती है तो आँख के स्पर्श से उत्पन्न होने वाली संवेदना के प्रति से हीं नष्ट होती है। ये तृष्णा भस्म होती है तो आँख के स्पर्श से उत्पन्न होने वाली संवेदना से हीं भस्म होती है।

लोक में कान, आवाज और जान जाने की शक्ति से होने वाली कानों के स्पर्श से उत्पन्न हुई संवेदना प्रिय लगती है, अच्छी लगती है। ये तृष्णा नष्ट होती है तो कान के स्पर्श से उत्पन्न होने वाली संवेदना के प्रति से हीं नष्ट होती है। ये तृष्णा भस्म होती है तो कान के स्पर्श से उत्पन्न होने वाली संवेदना से हीं भस्म होती है।

लोक में नाक, गंध और जान जाने की शक्ति से होने वाली नाक की स्पर्श से उत्पन्न हुई संवेदना प्रिय लगती है, अच्छी लगती है। ये तृष्णा नष्ट होती है तो नाक की स्पर्श से उत्पन्न होने वाली संवेदना के प्रति से हीं नष्ट होती है। ये तृष्णा भस्म होती है तो नाक की स्पर्श से उत्पन्न होने वाली संवेदना से हीं भस्म होती है।

लोक में जीभ, स्वाद और जान जाने की शक्ति से होने वाली जीभ की स्पर्श से उत्पन्न हुई संवेदना प्रिय लगती है, अच्छी लगती है। ये तृष्णा नष्ट होती है तो जीभ की स्पर्श से उत्पन्न होने वाली संवेदना के प्रति से हीं नष्ट होती है। ये तृष्णा भस्म होती है तो जीभ की स्पर्श से उत्पन्न होने वाली संवेदना से हीं भस्म होती है।

लोक में शरीर, स्पर्श और जान जाने की शक्ति से होने वाली शरीर के स्पर्श से उत्पन्न हुई संवेदना प्रिय लगती है, अच्छी लगती है। ये तृष्णा नष्ट होती है तो शरीर के स्पर्श से उत्पन्न होने वाली संवेदना के प्रति से हीं नष्ट होती है। ये तृष्णा भस्म होती है तो शरीर के स्पर्श से उत्पन्न होने वाली संवेदना से हीं भस्म होती है।

लोक में मन, विचार और जान जाने की शक्ति से होने वाली मन के स्पर्श से उत्पन्न हुई संवेदना प्रिय लगती है, अच्छी लगती है। ये तृष्णा नष्ट होती है तो मन के स्पर्श से उत्पन्न होने वाली संवेदना के प्रति से हीं नष्ट होती है। ये तृष्णा भस्म होती है तो मन के स्पर्श से उत्पन्न होने वाली संवेदना से हीं भस्म होती है।

रूप, शब्द, गंध... आदि को पहचान लेने के प्रति से तृष्णा का नष्ट होना

दुनिया में रूप को पहचान लेना प्रिय लगता है, अच्छा लगता है। ये तृष्णा नष्ट होती है तो रूप को पहचान लेने के प्रति से हीं नष्ट होती है। ये तृष्णा भस्म होती है तो रूप को पहचानने से हीं भस्म होती है।

दुनिया में आवाज को पहचान लेना प्रिय लगता है, अच्छा लगता है। ये तृष्णा नष्ट होती है तो आवाज को पहचान लेने के प्रति से हीं नष्ट होती है। ये तृष्णा भस्म होती है तो आवाज को पहचानने से हीं भस्म होती है।

दुनिया में गंध को पहचान लेना प्रिय लगता है, अच्छा लगता है। ये तृष्णा नष्ट होती है तो गंध को पहचान लेने के प्रति से हीं नष्ट होती है। ये तृष्णा भस्म होती है तो गंध को पहचानने से हीं भस्म होती है।

दुनिया में स्वाद को पहचान लेना प्रिय लगता है, अच्छा लगता है। ये तृष्णा नष्ट होती है तो स्वाद को पहचान लेने के प्रति से हीं नष्ट होती है। ये तृष्णा भस्म होती है तो स्वाद को पहचानने से हीं भस्म होती है।

दुनिया में स्पर्श को पहचान लेना प्रिय लगता है, अच्छा लगता है। ये तृष्णा नष्ट होती है तो स्पर्श को पहचान लेने के प्रति से हीं नष्ट होती है। ये तृष्णा भस्म होती है तो स्पर्श को पहचानने से हीं भस्म होती है।

दुनिया में विचार को पहचान लेना प्रिय लगता है, अच्छा लगता है। ये तृष्णा नष्ट होती है तो विचार को पहचान लेने के प्रति से हीं नष्ट होती है। ये तृष्णा भस्म होती है तो विचार को पहचानने से हीं भस्म होती है।

रूप, शब्द, गंध... आदि के उपर चिंतन करने के प्रति से तृष्णा का नष्ट होना

दुनिया में आँख से रूप को पहचान कर, रूप के प्रति चिंतन करना प्रिय लगता है, अच्छा लगता है। ये तृष्णा नष्ट होती है तो रूप के उपर चिंतन करने से हीं नष्ट होती है। ये तृष्णा भस्म होती है तो रूप के उपर चिंतन करने से हीं भस्म होती है।

दुनिया में कान से आवाज को पहचान कर, आवाज के प्रति चिंतन करना प्रिय लगता है, अच्छा लगता है। ये तृष्णा नष्ट होती है तो आवाज के उपर चिंतन करने से हीं नष्ट होती है। ये तृष्णा भस्म होती है तो आवाज के उपर चिंतन करने से हीं भस्म होती है।

दुनिया में नाक से गंध को पहचान कर, गंध के प्रति चिंतन करना प्रिय लगता है, अच्छा लगता है। ये तृष्णा नष्ट होती है तो गंध के उपर चिंतन करने से हीं नष्ट होती है। ये तृष्णा भस्म होती है तो गंध के उपर चिंतन करने से हीं भस्म होती है।

दुनिया में जीभ से स्वाद को पहचान कर, स्वाद के प्रति चिंतन करना प्रिय लगता है, अच्छा लगता है। ये तृष्णा नष्ट होती है तो स्वाद के उपर चिंतन करने से हीं नष्ट होती है। ये तृष्णा भस्म होती है तो स्वाद के उपर चिंतन करने से हीं भस्म होती है।

दुनिया में शरीर से स्पर्श को पहचान कर, स्पर्श के प्रति चिंतन करना प्रिय लगता है, अच्छा लगता है। ये तृष्णा नष्ट होती है तो स्पर्श के उपर चिंतन करने से हीं नष्ट होती है। ये तृष्णा भस्म होती है तो स्पर्श के उपर चिंतन करने से हीं भस्म होती है।

दुनिया में मन से विचार को पहचान कर, विचार के प्रति चिंतन करना प्रिय लगता है, अच्छा लगता है। ये तृष्णा नष्ट होती है तो विचार के उपर चिंतन करने से हीं नष्ट होती है। ये तृष्णा भस्म होती है तो विचार के उपर चिंतन करने से हीं भस्म होती है।

रूप, शब्द... आदि के प्रति से तृष्णा का नष्ट होना

दुनिया में आँख से पहचाने हुए रूप के प्रति उत्पन्न हुई तृष्णा प्रिय लगती है, अच्छी लगती है। ये तृष्णा नष्ट होती है तो 'रूप तृष्णा' के प्रति से हीं नष्ट होती है। ये तृष्णा भस्म होती है तो 'रूप तृष्णा' से हीं भस्म होती है।

दुनिया में कान से पहचाने हुए आवाज के प्रति उत्पन्न हुई तृष्णा प्रिय लगती है, अच्छी लगती है। ये तृष्णा नष्ट होती है तो 'आवाज तृष्णा' के प्रति से हीं नष्ट होती है। ये तृष्णा भस्म होती है तो 'आवाज तृष्णा' से हीं भस्म होती है।

दुनिया में नाक से पहचाने हुए गंध के प्रति उत्पन्न हुई तृष्णा प्रिय लगती है, अच्छी लगती है। ये तृष्णा नष्ट होती है तो 'गंध तृष्णा' के प्रति से हीं नष्ट होती है। ये तृष्णा भस्म होती है तो 'गंध तृष्णा' से हीं भस्म होती है।

दुनिया में जीभ से पहचाने हुए स्वाद के प्रति उत्पन्न हुई तृष्णा प्रिय लगती है, अच्छी लगती है। ये तृष्णा नष्ट होती है तो 'स्वाद तृष्णा' के प्रति से हीं नष्ट होती है। ये तृष्णा भस्म होती है तो 'स्वाद तृष्णा' से हीं भस्म होती है।

दुनिया में शरीर से पहचाने हुए स्पर्श के प्रति उत्पन्न हुई तृष्णा प्रिय लगती है, अच्छी लगती है। ये तृष्णा नष्ट होती है तो 'स्पर्श तृष्णा' के प्रति से हीं नष्ट होती है। ये तृष्णा भस्म होती है तो 'स्पर्श तृष्णा' से हीं भस्म होती है।

दुनिया में मन से पहचाने हुए विचार के प्रति उत्पन्न हुई तृष्णा प्रिय लगती है, अच्छी लगती है। ये तृष्णा नष्ट होती है तो 'विचार तृष्णा' के प्रति से हीं नष्ट होती है। ये तृष्णा भस्म होती है तो 'विचार तृष्णा' से हीं भस्म होती है।

रूप, शब्द... आदि के उपर विचार करने के प्रति से तृष्णा का नष्ट होना

लोक में आँख से रूप को पहचान कर, रूप के बारे में विचार करना प्रिय लगता है, अच्छा लगता है। ये तृष्णा नष्ट होती है तो 'रूप

विचार' करने के प्रति से हीं नष्ट होती है। ये तृष्णा भस्म होती है तो 'रूप विचार' के प्रति से हीं भस्म होती है।

लोक में कान से आवाज को पहचान कर, आवाज के बारे में विचार करना प्रिय लगता है, अच्छा लगता है। ये तृष्णा नष्ट होती है तो 'आवाज विचार' के बारे में विचार करने के प्रति से हीं नष्ट होती है। ये तृष्णा भस्म होती है तो 'आवाज विचार' करने के प्रति से हीं भस्म होती है।

लोक में नाक से गंध को पहचान कर, गंध के बारे में विचार करना प्रिय लगता है, अच्छा लगता है। ये तृष्णा नष्ट होती है तो 'गंध विचार' के प्रति से हीं नष्ट होती है। ये तृष्णा भस्म होती है तो 'गंध विचार' के प्रति से हीं भस्म होती है।

लोक में जीभ से स्वाद को पहचान कर, स्वाद के बारे में विचार करना प्रिय लगता है, अच्छा लगता है। ये तृष्णा नष्ट होती है तो 'स्वाद विचार' के प्रति से हीं नष्ट होती है। ये तृष्णा भस्म होती है तो 'स्वाद विचार' के प्रति से हीं भस्म होती है।

लोक में शरीर से स्पर्श को पहचान कर, स्पर्श के बारे में विचार करना प्रिय लगता है, अच्छा लगता है। ये तृष्णा नष्ट होती है तो 'स्पर्श विचार' के प्रति से हीं नष्ट होती है। ये तृष्णा भस्म होती है तो 'स्पर्श विचार' के प्रति से हीं भस्म होती है।

लोक में मन से विचार को पहचान कर, विचार के बारे में चिंतन करना प्रिय लगता है, अच्छा लगता है। ये तृष्णा नष्ट होती है तो विचार के बारे में चिंतन करने के प्रति से हीं नष्ट होती है। ये तृष्णा भस्म होती है तो विचार के बारे में चिंतन करने के से हीं भस्म होती है।

रूप, शब्द... आदि के उपर बार–बार विचार करने के प्रति से तृष्णा का नष्ट होना

लोक में आँख से रूप को पहचानकर, रूप के बारे में बार बार विचार करना प्रिय लगता है, अच्छा लगता है। ये तृष्णा नष्ट होती है तो रूप के बारे में बार बार विचार करने के प्रति से हीं नष्ट होती है। ये तृष्णा भस्म होती है तो रूप के बारे में बार बार विचार करने से हीं भस्म होती है।

लोक में कान से आवाज को पहचानकर, आवाज के बारे में बार बार विचार करना प्रिय लगता है, अच्छा लगता है। ये तृष्णा नष्ट होती है तो रूप के बारे में बार बार विचार करने के प्रति से हीं नष्ट होती है। ये तृष्णा भस्म होती है तो आवाज के बारे में बार बार विचार करने से हीं भस्म होती है।

लोक में नाक से गंध को पहचानकर, गंध के बारे में बार बार विचार करना प्रिय लगता है, अच्छा लगता है। ये तृष्णा नष्ट होती है तो गंध के बारे में बार बार विचार करने के प्रति से हीं नष्ट होती है। ये तृष्णा भस्म होती है तो गंध के बारे में बार बार विचार करने से हीं भस्म होती है।

लोक में जीभ से स्वाद को पहचानकर, स्वाद के बारे में बार बार विचार करना प्रिय लगता है, अच्छा लगता है। ये तृष्णा नष्ट होती है तो स्वाद के बारे में बार बार विचार करने के प्रति से हीं नष्ट होती है। ये तृष्णा भस्म होती है तो स्वाद के बारे में बार बार विचार करने से हीं भस्म होती है।

लोक में शरीर से स्पर्श को पहचानकर, स्पर्श के बारे में बार बार विचार करना प्रिय लगता है, अच्छा लगता है। ये तृष्णा नष्ट होती है

तो स्पर्श के बारे में बार बार विचार करने के प्रति से हीं नष्ट होती है। ये तृष्णा भस्म होती है तो स्पर्श के बारे में बार बार विचार करने से हीं भस्म होती है।

लोक में मन से विचार को पहचानकर, विचार के बारे में बार बार चिंतन करना प्रिय लगता है, अच्छा लगता है। ये तृष्णा नष्ट होती है तो विचार के बारे में बार बार चिंतन करने के प्रति से हीं नष्ट होती है। ये तृष्णा भस्म होती है तो विचार के बारे में बार बार चिंतन करने से हीं भस्म होती करती है।

हे भिक्षुओं ! इसे कहते है दुख का अंत नाम का परम सत्य ।

(दुख का अंत करने का मार्ग नाम का परम सत्य)

हे भिक्षुओं ! दुख अंत करने का मार्ग नाम का परम सत्य क्या है ?

वो आर्यअष्टांगिक मार्ग है। जैसे कि; सही रूप से परम सत्य देखना, सही रूप से विचार करना, सही रूप से वाणी बोलना, सही रूप से कर्म करना, सही रूप से जीवन यापन करना, सही रूप से प्रयास करना, सही रूप से सति-स्मृति बढ़ाना, सही रूप से ध्यान-समाधि करना।

हे भिक्षुओं ! किसे कहते हैं सही रूप से परम सत्य देखना ?

हे भिक्षुओं ! दुख के बारे में ज्ञान होना, दुख उत्पन्न होने का कारण के बारे में ज्ञान होना, दुख का अंत के बारे में ज्ञान होना, दुख अंत करने का मार्ग के बारे में ज्ञान होना। हे भिक्षुओं ! इसे कहते हैं सही रूप से परम सत्य देखना ।

हे भिक्षुओं ! किसे कहते हैं सही रूप से विचार करना ?

दुख से मुक्त होने के लिए ज्ञान से मनन करने वाले निष्काम

विचार, बिना वैर-क्रोध के; मैत्री चित्त बढ़ाने का विचार, अपने और दूसरों को हिंसा पीड़ा नहीं देने का विचार। हे भिक्षुओं ! इसे कहते हैं सही रूप से विचार करना ।

हे भिक्षुओं ! किसे कहते हैं सही रूप से वाणी बोलना ?

बिना झूठ बोलकर; सत्य बताना, बिना चुगली करके; एकता होने वाली वाणी बताना, बिना कठोर वाणी बोल; मधुर वाणी बताना, बिना व्यर्थ वाणी बोल; ज्ञान की बात बताना। हे भिक्षुओं ! इसे कहते हैं सही रूप से वाणी बोलना।

हे भिक्षुओं ! किसे कहते हैं सही रूप से कर्म करना ?

बिना प्राणी हत्या करके; सभी प्राणियों को दया करना, बिना चोरी करके; शुद्ध मन से रहना, बिना व्यभिचार करके; सदाचारी होना। हे भिक्षुओं ! इसे कहते हैं सही रूप से कर्म करना।

हे भिक्षुओं ! किसे कहते हैं सही रूप से जीवन यापन करना ?

हे भिक्षुओं ! यहाँ श्रद्धालु व्यक्ति *मिथ्या ढ़ंग से धन इकट्ठा करना छोड़ धार्मिक ढ़ंग से जीवन यापन करना। हे भिक्षुओं ! इसे कहते हैं सही रूप से जीवन यापन करना।

हे भिक्षुओं ! किसे कहते हैं सही रूप से प्रयास करना ?

हे भिक्षुओं ! यहाँ श्रद्धालु व्यक्ति अनुत्पन्न पापी अकुशल विचार; उत्पन्न नहीं होने के लिए, ईच्छा पैदा करता है, उद्योग करता है, प्रयास करता है, मन को दृढ़ करता है, असामान्य प्रयत्न करता है।

---

* मिथ्या ढ़ंग से धन इकट्ठा करना :- विष का व्यापार, शराब तथा नशीला पदार्थ का व्यापार, प्राणियों के हत्या के लिए शस्त्र का व्यापार, मांस के लिए पशु-पक्षियों आदि प्राणियों को बेचने का व्यापार, मनुष्यों के गुलामी का व्यापार।

उत्पन्न हुआ पापी अकुशल विचार नष्ट करने के लिए ईच्छा पैदा करता है, उद्योग करता है, प्रयास करता है, मन को दृढ़ करता है, असामान्य प्रयत्न करता है।

अनुत्पन्न कुशल पुण्य विचार उत्पन्न करने के लिए ईच्छा पैदा करता है, उद्योग करता है, प्रयास करता है, मन को दृढ़ करता है, असामान्य प्रयत्न करता है।

उत्पन्न हुआ कुशल पुण्य विचार स्थिर होने के लिए, नहीं मिटने के लिए, वृद्धि के लिए, विपुलता को पाने के लिए, साधना के द्वारा सम्पूर्ण करने के लिए ईच्छा पैदा करता है, उद्योग करता है, प्रयास करता है, मन को दृढ़ करता है, असामान्य प्रयत्न करता है। हे भिक्षुओं ! इसी को कहते हैं सही रूप से प्रयास करना।

हे भिक्षुओं ! किसे कहते हैं सही रूप से स्मृति बढ़ाना ?

हे भिक्षुओं ! इस धर्म पर चलने वाला श्रद्धालु व्यक्ति मन की गंदगी को नष्ट करने का असामान्य प्रयास करते हुए, सति-स्मृति बढ़ाकर दुनिया में लालच और मन की पीड़ा दूर करके शरीर के बारे में सत्य स्वभाव बोध करते हुए शरीर में विपस्सना करता है।

उस प्रकार से मन की गंदगी को नष्ट करने का असामान्य प्रयास करते हुए, सति-स्मृति बढ़ाकर दुनिया में लालच और मन की पीड़ा दूर करके संवेदना के बारे में सत्य स्वभाव बोध करते हुए संवेदना में विपस्सना करता है।

उस प्रकार से मन की गंदगी को नष्ट करने का असामान्य प्रयास करते हुए, सति-स्मृति बढ़ाकर दुनिया में लालच और मन की पीड़ा दूर करके मन के बारे में सत्य स्वभाव बोध करते हुए मन के उपर विपस्सना करता है।

उस प्रकार से मन की गंदगी को नष्ट करने का असामान्य प्रयास करते हुए, सति-स्मृति बढ़ाकर दुनिया में लालच और मन की पीड़ा दूर करके धर्म के बारे में सत्य स्वभाव बोध करते हुए धर्म पर विपस्सना करता है। हे भिक्षुओं ! इसी को कहते हैं सही रूप से सति-स्मृति बढ़ाना ?

हे भिक्षुओं ! किसे कहते हैं सही रूप से ध्यान-समाधि करना ?

हे भिक्षुओं ! इस धर्म पर चलने वाला श्रद्धालु व्यक्ति पाँच प्रकार की भोग-विलास से अलग होकर; पापी अकुशल धर्मों से अलग होकर; चार सतिपट्ठान से किसी एक भाग को लेकर मनन करना; उस निमित्त के प्रति मन को बार-बार लगाने से; पंचनीवरण के शांत होने से उत्पन्न हुए सुख के साथ, कायिक मानसिक खुशी और सुख के साथ प्रथम ध्यान प्राप्त कर वास करता है।

समाधि का बाधक वितर्क विचार के शांत होने से; अपने चित्त के भीतर असीमित खुशी सहित; चित्त की एकाग्रता के साथ; बिना वितर्क-विचार के समाधि से उत्पन्न हुई खुशी और सुख के साथ द्वितीय ध्यान प्राप्त कर वास करता है।

खुशी से अनासक्त होकर, सति-स्मृति के साथ, शारीरिक सुख भोगते हुए अदुख-असुख के साथ वास करता है। आर्य लोग जिसे अदुख-असुख सहित स्मृति के साथ सुख से वास करना कहते हैं; उस तृतीय ध्यान को प्राप्त कर वास करता है।

सुख को त्याग करके, दुख को भी त्याग करके; पहले से हीं मानसिक सुख-दुख के अंत हो जाने से बिना सुख दुख के पारिशुद्ध स्मृति और अदुख-असुख के साथ चतुर्थ ध्यान प्राप्त कर वास करता है। हे भिक्षुओं ! इसी को कहते हैं सही रूप से ध्यान-समाधि करना।

हे भिक्षुओं ! इसी को कहते हैं दुख अंत करने का मार्ग नाम का परम सत्य।

हे भिक्षुओं ! इस प्रकार से अपने भीतर होने वाले चार परम सत्य के प्रति सत्य स्वभाव को बोध करते हुए धर्म पर विपस्सना करता है। दूसरों के भीतर होने वाले चार परम सत्य के प्रति सत्य स्वभाव को बोध करते हुए धर्म पर विपस्सना करता है। अपने और दूसरों के भीतर होने वाले चार परम सत्य के प्रति सत्य स्वभाव को बोध करते हुए धर्म पर विपस्सना करता है।

ये चार परम सत्य के उत्पन्न होने का सत्य स्वभाव को बोध करते हुए धर्म पर विपस्सना करता है। ये चार परम सत्य के नष्ट होने का सत्य स्वभाव को बोध करते हुए धर्म पर विपस्सना करता है। ये चार परम सत्य के उत्पन्न और नष्ट होने का सत्य स्वभाव को बोध करते हुए धर्म पर विपस्सना करता है।

ये चार परम सत्य है, ऐसा उसका सति-स्मृति स्थापित होता है। वह उसके लिए बोध बढ़ाने के लिए, सति-स्मृति बढ़ाने के लिए उपकार होता है। अनासक्त होकर वास करता है। दुनिया में किसी भी चीज के प्रति तृष्णा नहीं करता है।

हे भिक्षुओं ! इस प्रकार से इस धर्म पर चलने वाला श्रद्धालु व्यक्ति ये चार सनातन परम सत्य के बारे में सत्य स्वभाव को बोध करते हुए धर्म पर विपस्सना करता है।

(सतिपट्ठान प्रयास करने का फल)

हे भिक्षुओं ! जो कोई श्रद्धालु व्यक्ति ये चार सतिपट्ठान; इस प्रकार से सात वर्ष अभ्यास करेगा तो उसे इन दो फलों में से एक फल की आशा रखनी चाहिए। इस जीवन में हीं अपने मन से सारे गंदगी को

नष्ट करके उत्तम अर्हत्व को प्राप्त करना या गंदगी शेष रहने पर अनागामी फल साक्षात् करके कामलोक से परे हो जाना।

हे भिक्षुओं ! सात वर्ष रहने दो; जो कोई श्रद्धालु व्यक्ति ये चार सतिपट्ठान छः वर्ष अभ्यास करेगा तो उसे इन दो फलों में से एक फल की आशा रखनी चाहिए। इस जीवन में हीं अपने मन से सारे गंदगी को नष्ट करके उत्तम अर्हत्व को प्राप्त करना या गंदगी शेष रहने पर अनागामी फल साक्षात् करके कामलोक से परे हो जाना।

हे भिक्षुओं ! छः वर्ष रहने दो; जो कोई श्रद्धालु व्यक्ति ये चार सतिपट्ठान पाँच वर्ष अभ्यास करेगा तो उसे इन दो फलों में से एक फल की आशा रखनी चाहिए। इस जीवन में हीं अपने मन से सारे गंदगी को नष्ट करके उत्तम अर्हत्व को प्राप्त करना या गंदगी शेष रहने पर अनागामी फल साक्षात् करके कामलोक से परे हो जाना।

हे भिक्षुओं ! पाँच वर्ष रहने दो; जो कोई श्रद्धालु व्यक्ति ये चार सतिपट्ठान चार वर्ष अभ्यास करेगा तो उसे इन दो फलों में से एक फल की आशा रखनी चाहिए। इस जीवन में हीं अपने मन से सारे गंदगी को नष्ट करके उत्तम अर्हत्व को प्राप्त करना या गंदगी शेष रहने पर अनागामी फल साक्षात् करके कामलोक से परे हो जाना।

हे भिक्षुओं ! चार वर्ष रहने दो; जो कोई श्रद्धालु व्यक्ति ये चार सतिपट्ठान तीन वर्ष अभ्यास करेगा तो उसे इन दो फलों में से एक फल की आशा रखनी चाहिए। इस जीवन में हीं अपने मन से सारे गंदगी को नष्ट करके उत्तम अर्हत्व को प्राप्त करना या गंदगी शेष रहने पर अनागामी फल साक्षात् करके कामलोक से परे हो जाना।

हे भिक्षुओं ! तीन वर्ष रहने दो; जो कोई श्रद्धालु व्यक्ति ये चार सतिपट्ठान दो वर्ष अभ्यास करेगा तो उसे इन दो फलों में से एक फल की आशा रखनी चाहिए। इस जीवन में हीं अपने मन से सारे गंदगी

को नष्ट करके उत्तम अर्हत्व को प्राप्त करना या गंदगी शेष रहने पर अनागामी फल साक्षात् करके कामलोक से परे हो जाना।

हे भिक्षुओं ! दो वर्ष रहने दो; जो कोई श्रद्धालु व्यक्ति ये चार सतिपट्ठान एक वर्ष अभ्यास करेगा तो उसे इन दो फलों में से एक फल की आशा रखनी चाहिए। इस जीवन में हीं अपने मन से सारे गंदगी को नष्ट करके उत्तम अर्हत्व को प्राप्त करना या गंदगी शेष रहने पर अनागामी फल साक्षात् करके कामलोक से परे हो जाना।

हे भिक्षुओं ! एक वर्ष रहने दो; जो कोई श्रद्धालु व्यक्ति ये चार सतिपट्ठान सात महिना अभ्यास करेगा तो उसे इन दो फलों में से एक फल की आशा रखनी चाहिए। इस जीवन में हीं अपने मन से सारे गंदगी को नष्ट करके उत्तम अर्हत्व को प्राप्त करना या गंदगी शेष रहने पर अनागामी फल साक्षात् करके कामलोक से परे हो जाना।

हे भिक्षुओं ! सात महिने रहने दो; जो कोई श्रद्धालु व्यक्ति ये चार सतिपट्ठान छः महिनों भर अभ्यास करेगा तो उसे इन दो फलों में से एक फल की आशा रखनी चाहिए। इस जीवन में हीं अपने मन से सारे गंदगी को नष्ट करके उत्तम अर्हत्व को प्राप्त करना या गंदगी शेष रहने पर अनागामी फल साक्षात् करके कामलोक से परे हो जाना।

हे भिक्षुओं ! छः महिने रहने दो; जो कोई श्रद्धालु व्यक्ति ये चार सतिपट्ठान पाँच महिनों भर अभ्यास करेगा तो उसे इन दो फलों में से एक फल की आशा रखनी चाहिए। इस जीवन में हीं अपने मन से सार गंदगी को नष्ट करके उत्तम अर्हत्व को प्राप्त करना या गंदगी शेष रहने पर अनागामी फल साक्षात् करके कामलोक से परे हो जाना।

हे भिक्षुओं ! पाँच महिने रहने दो; जो कोई श्रद्धालु व्यक्ति ये चार सतिपट्ठान चार महिनों भर अभ्यास करेगा तो उसे इन दो फलों

में से एक फल की आशा रखनी चाहिए। इस जीवन में हीं अपने मन से सारे गंदगी को नष्ट करके उत्तम अर्हत्व को प्राप्त करना या गंदगी शेष रहने पर अनागामी फल साक्षात् करके कामलोक से परे हो जाना।

हे भिक्षुओं ! चार महिने रहने दो; जो कोई श्रद्धालु व्यक्ति ये चार सतिपट्ठान तीन महिनों भर अभ्यास करेगा तो उसे इन दो फलों में से एक फल की आशा रखनी चाहिए। इस जीवन में हीं अपने मन से सारे गंदगी को नष्ट करके उत्तम अर्हत्व को प्राप्त करना या गंदगी शेष रहने पर अनागामी फल साक्षात् करके कामलोक से परे हो जाना।

हे भिक्षुओं ! तीन महिने रहने दो; जो कोई श्रद्धालु व्यक्ति ये चार सतिपट्ठान दो महिनों भर अभ्यास करेगा तो उसे इन दो फलों में से एक फल की आशा रखनी चाहिए। इस जीवन में हीं अपने मन से सारे गंदगी को नष्ट करके उत्तम अर्हत्व को प्राप्त करना या गंदगी शेष रहने पर अनागामी फल साक्षात् करके कामलोक से परे हो जाना।

हे भिक्षुओं ! दो महिने रहने दो; जो कोई श्रद्धालु व्यक्ति ये चार सतिपट्ठान महिना भर अभ्यास करेगा तो उसे इन दो फलों में से एक फल की आशा रखनी चाहिए। इस जीवन में हीं अपने मन से सारे गंदगी को नष्ट करके उत्तम अर्हत्व को प्राप्त करना या गंदगी शेष रहने पर अनागामी फल साक्षात् करके कामलोक से परे हो जाना।

हे भिक्षुओं ! महिने भर रहने दो; जो कोई श्रद्धालु व्यक्ति ये चार सतिपट्ठान आधा महिना भी अभ्यास करेगा तो उसे इन दो फलों में से एक फल की आशा रखनी चाहिए। इस जीवन में हीं अपने मन से सारे गंदगी को नष्ट करके उत्तम अर्हत्व को प्राप्त करना या गंदगी शेष रहने पर अनागामी फल साक्षात् करके कामलोक से परे हो जाना।

हे भिक्षुओं ! आधा महिना रहने दो; जो कोई श्रद्धालु व्यक्ति ये चार सतिपट्ठान कम से कम सात दिन अभ्यास करेगा तो उसे इन दो

फलों में से एक फल की आशा रखनी चाहिए। इस जीवन में हीं अपने मन से सारे गंदगी को नष्ट करके उत्तम अर्हत्व को प्राप्त करना या गंदगी शेष रहने पर अनागामी फल साक्षात् करके कामलोक से परे हो जाना।

हे भिक्षुओं ! ये जो चार सतिपट्ठान है; वो सत्वों की पारिशुद्धता के लिए, शोक दुख मिटाने के लिए, कायिक-मानसिक दुख पीड़ा से मुक्त होने के लिए, आर्य अष्टांगिक मार्ग पर आने के लिए, अमृतदायी महानिर्वाण को साक्षात करने के लिए वो एक हीं मुक्ति मार्ग है। यह जो मेरे द्वारा बताया गया; वह इसी कारण से बताया गया है।

भगवान बुद्ध जी इस सतिपट्ठान धर्म को बताए हैं। भगवान बुद्ध जी के द्वारा बताए गये अमृतदायी निर्वाण मार्ग को सुनकर, उन भिक्षुओं ने साधुवाद देते हुए बहुत हीं खुशी से स्वीकार किया।

साधु ! साधु !! साधु!!!

चार सतिपट्ठान का वर्णन समाप्त

Manufactured by Amazon.ca
Bolton, ON

20182687R00046